BESTACTIVITYBOOKS.COM

Copyright © 2022 LINGUAS CLASSICS

Tous droits réservés. Aucune partie de ce livre ne peut être reproduite ou utilisée de quelque manière que ce soit sans l'autorisation écrite du détenteur des droits d'auteur, sauf pour l'utilisation de citations dans une critique de livre.

PREMIERE ÉDITION

Dépôt légal, 2022

Illustration Graphique Extra: www.freepik.com
Merci à Alekksall, Starline, Pch.vector, Rawpixel.com, Vectorpocket, Dgim-studio, Upklyak, Macrovector, Stockgiu, Pikisuperstar & Freepik.com Designers

Découvrez des Jeux Gratuits en Ligne

Disponible Ici :

BestActivityBooks.com/FREEGAMES

5 ASTUCES POUR DÉMARRER !

1) COMMENT RÉSOUDRE LES MOTS MÊLÉS

Les puzzles sont dans un format classique :

- Les mots sont cachés sans espaces, tirets, ...
- Orientation : Les mots peuvent être écrits en avant, en arrière, vers le haut, vers le bas ou en diagonale (ils peuvent être inversés).
- Les mots peuvent se chevaucher ou se croiser.

2) UN APPRENTISSAGE ACTIF

Un espace est prévu à côté de chaque mots pour noter la traduction. Pour favoriser un apprentissage actif un **DICTIONNAIRE** à la fin de cette édition vous permettra de vérifier et étendre vos connaissances. Cherchez et notez les traductions, trouvez-les dans le Puzzle et ajoutez-les à votre vocabulaire !

3) MARQUEZ LES MOTS

Vous pouvez inventer votre propre système de marquage. Peut-être en utilisez-vous déjà un ? Sinon, vous pourriez, par exemple, marquer les mots qui ont été difficiles à trouver d'une croix, ceux que vous avez aimés d'une étoile, les mots nouveaux d'un triangle, les mots rares d'un diamant, etc...

4) STRUCTUREZ VOTRE APPRENTISSAGE

Cette édition vous offre un **CARNET DE NOTES** très pratique à la fin du livre. En vacances ou en voyage ou à la maison, vous pouvez facilement organiser vos nouvelles connaissances sans avoir besoin d'un second bloc-notes !

5) VOUS AVEZ FINI TOUTES LES GRILLES ?

Allez à la section bonus **CHALLENGE FINAL** pour trouver un jeu gratuit à la fin de cette édition !

Simple et Rapide ! Découvrez notre collection de livres d'activités pour votre prochain moment de détente et **d'apprentissage**, à juste un clic de distance !

Trouvez votre prochain défi sur :

BestActivityBooks.com/MonProchainLivre

À vos marques, prêts... Partez !

Saviez-vous qu'il existe environ 7 000 langues différentes dans le monde ? Les mots sont précieux.

Nous aimons les langues et avons travaillé dur pour créer les livres de la plus haute qualité pour vous. Nos ingrédients ?

Une sélection des thématiques d'apprentissage adaptée, trois belles parts de divertissement, puis nous ajoutons une cuillère de mots difficiles et une pincée de mots rares. Nous les servons avec soin et un maximum de plaisir pour vous permettre de résoudre les meilleurs jeux de mots mêlés qui soient et d'apprendre en vous amusant !

Votre avis est essentiel. Vous pouvez participer activement au succès de ce livre en nous laissant un commentaire. Nous aimerions vraiment savoir ce que vous avez préféré dans cette édition !

Voici un lien rapide qui vous mènera à la page d'évaluation de vos commandes :

BestBooksActivity.com/Avis50

Merci pour votre aide et amusez-vous bien !

De la part de toute l'équipe

1 - Adjectifs #2

```
M R S U P T N J I Q I K N D
Ë E E C K Ë H N A E F R A R
H W T D D N R A U A O E T A
S P N H G O R S T C R N Y M
I F A M S H Ë M H Ë T A R A
Q L S I E G Ë R T K Ë R O T
U B E V I T K U D O R P R I
F I R U P I R K E X L U E K
I P E K I T N E T U A E E E
R E T N A G E L E S F W A S
I Z N T Ë T A L E N T U A R
Y C I P Ë R G J E G J Ë S E
I S H Ë N D E T S H Ë M T K
M E H S D I P A S T Ë R Z O
```

AUTENTIKE	I RI
I FAMSHËM	PRODUKTIVE
PËRSHKRUES	I FUQISHËM
TË TALENTUAR	I PASTËR
DRAMATIKE	PËRGJEGJËS
ELEGANTE	I SHËNDETSHËM
KRENAR	E KRIPUR
I FORTË	I EGËR
INTERESANTE	THATË
NATYRORE	

2 - Formes

```
K L U E H P D L I N J Ë K P
K O N L I O R P R I Z Ë M I
C S M I P L E Q O S H E R R
H Z V P E I J B K O E V R A
A C X S R G T Q U K W R E M
R G T V B O K I T K N U T I
K P K Z O N Ë C N R M K H D
S W F B L I N S K A J E T A
Y F N D A Q D T M B I L R U
K G E A Y I Ë W Q I W A E R
R B W R N V S Q W R O V C K
C T B G Ë Ë H K R H O O Y T
M C I L I N D R I H S E H S
T R E K Ë N D Ë S H K U G P
```

HARK   ELIPS
SKAJET   HIPERBOLA
SHESHI   LINJË
RRETH   OVALE
QOSHE   POLIGONI
KURVE   PRIZËM
KON   PIRAMIDA
ANË   DREJTKËNDËSH
KUBE   SFERË
CILINDRI   TREKËNDËSH

3 - Force et Gravité

```
D D I N A M I K E V V X W T
I M Z I T E N G A M E F P J
S P M Q A Z H I H O T Ë Y I
T J R Z E S T K O W I R Z L
A H S E P N K V K U T K B Y
N U D C S D D Q B N Ë I U L
C I E F R I F R H D F M L Ë
Ë M C Z E Q O R A I I I V
H I E M V U B N T K Z C M I
D R G A K S I X I I I W I Z
M E K A N I K A B M K S O J
A J T O P E H D R I A N E E
K G F C B Z Q T O S K Y J L
C Z U N I V E R S A L E B Y
```

AKSI	MEKANIKA
QENDRA	LËVIZJE
ZBULIMI	ORBITA
DISTANCË	FIZIKA
DINAMIKE	PESHA
ZGJERIMI	PRESIONI
FËRKIMI	VETITË
NDIKIMI	KOHA
MAGNETIZMI	UNIVERSALE

4 - Adjectifs #1

```
O L P E A Z A G F E P F F E
U O E T R K B Y F B Z R A K
K H R H O S S L X U D S A Z
K N F E M X O X J K S O G O
L E E K A B L J R U U N J T
A Y K I T I U Y N R M Q O I
X M T T I M T Ë H T A G N K
A I B S K A E N R E D O M E
K R V I E D L B Ë L L O H I
T I O T C H Y T D A R O D F
I M Q R C I Y C N S Q L M P
V H G A O B O P Ë Y H B L N
H Q S O P X Y Z R A J U B U
P Z F M E S Ë Q E H R Ë T D
```

ABSOLUTE
AKTIV
AMBICIOZE
AROMATIKE
ARTISTIKE
TËRHEQËSE
E BUKUR
EKZOTIKE

I MADH
BUJAR
I RI
NGATHËT
E RËNDË
I HOLLË
MODERNE
PERFEKT

5 - Instruments de Musique

```
B Y A N N F Q J D K D F G F
O B O E W L N I C L A R O A
V T D Ë R A T I K A J D D G
Q I R A F U X C P R R N I E
Ë G O O L T I Q E I E R T G
K N T L M Y P K A N B S J T
T O I F I B H V B E A A E R
T G V L N N O T M T N K L U
P I A N O L Ë N I Ë J S L M
J F S K R D H A R P O O U B
W Q R B S I N A A H H F A E
H Z V Y E M F A M J T O D T
A T D U M J P B M Q J N R Ë
H S C H A R M O N I K Ë T W
```

BANJO
FAGEG
KLARINETË
FLAUT
GONG
KITARË
HARMONIKË
HARP
OBOE
MANDOLINË

MARIMBA
GODITJE
PIANO
SAKSOFON
DAULLE
DAJRE
TROMBON
TRUMBETË
VIOLINË

6 - Herboristerie

```
I A J E R Y L R S K Z W A Z
D R Q B O T K I H G O V I T
O O G H Z V E G A I N P S M
B M O L M Z E O F I A K Ë Y
I A U G A R D N R A D O L R
S T Y V R J K R A R J P I B
H I A N I Z C Z N O A S C O
Ë K R W N O E X W M M H S R
M E Ë A Ë H B M Q Ë C T E Z
A Q H H N L I V A N D O L I
Y X D Y K I H X E N E N U L
T R U M Z Ë L K S V A F L O
H T H N F X J U K K J V E K
P Ë R B Ë R Ë S K B H L A N
```

HUDHËR	BORZILOK
AROMATIKE	NENEXHIK
I DOBISHËM	RIGON
KULINARI	MAJDANOZ
DRAGUA	CILËSIA
KOPËR	ROZMARINË
LULE	SHAFRAN
PËRBËRËS	AROMË
KOPSHT	TRUMZË
LIVANDO	

7 - Photographie

```
S P H N W Y A J R Ë B R Ë P
N U L I G K V T F Z M O Y E
V L C Z J J R G Z E P B G R
W B W B Ë E Y M K Z Ë J D S
K B B U R Y T R Q E R E N P
N O A T I C A C Ë E K K K E
D K N E S F M I V K U T O K
R V D T Ë K R L I S F E R T
I H K K R V O Ë Z P I R N I
Ç U A E R A F S U O Z T I V
I G M J E Z S I A Z I R Z Ë
M J E B T Y F T L I M O A J
I K R U C S J X E T Z P L J
N F A S P A M J E A B Z B J
```

ZBUTE	E ZEZË
KORNIZA	OBJEKT
KAMERA	ERRËSIRË
PËRBËRJA	HIJET
KONTRAST	PERSPEKTIVË
NGJYRË	PORTRET
PËRKUFIZIM	SUBJEKT
EKSPOZITA	CILËSI
NDRIÇIMI	VIZUALE
FORMAT	PAMJE

8 - Véhicules

```
Ë  K  R  A  V  Y  V  O  B  U  T  M  B  N
T  N  A  L  P  O  R  E  A  Y  R  A  I  Ë
E  E  A  R  T  R  A  G  E  T  A  K  Ç  N
K  E  W  A  V  N  Z  Q  Q  W  K  I  I  D
A  E  C  N  I  A  M  H  D  E  T  N  K  E
R  T  U  A  K  Q  N  K  J  W  O  A  L  T
O  A  C  N  A  L  U  B  M  A  R  T  E  Ë
K  K  I  S  S  S  B  J  A  N  R  G  T  S
N  S  W  U  K  A  M  O  G  T  C  A  Ë  E
Z  I  Q  G  U  G  N  O  I  M  A  K  F  L
S  U  B  O  T  U  A  I  M  O  T  O  R  T
A  L  M  N  E  N  Q  I  J  J  D  D  W  L
A  Q  E  R  R  P  O  R  T  E  M  B  R  G
H  E  L  I  K  O  P  T  E  R  P  P  D  Y
```

AMBULANCA	MOTOR
AEROPLAN	ANIJE
VARKË	GOMA
AUTOBUS	RAFT
KAMION	SKUTER
KARVAN	NËNDETËSE
TRAGET	TAKSI
RAKETË	TRAKTOR
HELIKOPTER	BIÇIKLETË
METRO	MAKINA

9 - Camping

```
Z K H F I H Z K F M Q P Z A
P J L W J Ë T C A A N V X V
L Ë A E O N A K I B N C Ë E
D L X R V A V Y T W I A T N
V E I U R X O R E H H N R T
S P L I Q E N I U P C D A U
N A T Y R A K W J O S F H R
P K Ë O M C G R G I K N H Ë
A V H W A I N S E K T Z U P
J Q S L L U S U B H P Y L L
I M F I Z K P S J O K G T L
S J A T G G U S N M K L E L
J L K A M A H K K G E R Z T
E B P R Ë D A Ç B G H H Y N
```

KAFSHËT   ZJARR
AVENTURË   PYLL
BUSULL   HAMAK
KABINA   INSEKT
KANOE   LIQENI
HARTË   FANAR
KAPELË   HËNA
GJUETIA   MAL
LITAR   NATYRA
PAJISJE   ÇADËR

10 - Géométrie

```
D I A M E T R I R T E M I S
J L J T R E W U R E L E H I
Q A T R A K V D L O O C N G
B R I E T U W R K R G B A J
X T R K A A X Y U I J V I W
K Ë A Ë S C H A O K I J X P
J S G N E I F B U S K B U S
T I O D M O J A O O Ë O R F
N A L Ë I N O I S N E M I D
E U L S S I L E L A R A P J
M R M H S I K L K P M B F X
G H Z Ë V A Ë R R E T H I X
E V U O R O N P J E S Ë O A
S M Z W N I D I V M L J M L
```

KËND

LLOGARITJA

RRETH

KURVE

DIAMETRI

DIMENSIONI

EKUACIONI

LARTËSIA

LOGJIKË

MASA

MESATARE

NUMËR

PARALEL

PJESË

SEGMENT

SIMETRI

TEORI

TREKËNDËSH

11 - Les Médias

```
D E Q Ë N D R I M E T F J I
Y H E O Y G U M A F E O M N
B O T I M A K I G S H T C T
E B K X R Z F K X P Z O R E
O X A I A E T I W A A G R L
K N F S D T R N O I M R J E
N O L T I A E U T R I A E K
T I A I O T G M N T P F T T
P N K F N Q T O D S B I I U
U I O D H E I K L U G T Y A
B P L A T I H X I D I Ë Q L
L O E M M F N G Y N U A F E
I A R S I M I Y A I T U B K
K I N D I V I D U A L W S O
```

QËNDRIMET
TREGTI
KOMUNIKIMI
ONLINE
BOTIM
ARSIMI
FAKTE
IMAZHET
INDIVIDUAL
INDUSTRIA

INTELEKTUALE
GAZETAT
LOKAL
DIXHITAL
OPINION
FOTOGRAFITË
PUBLIK
RADIO
RRJETI

12 - Philanthropie

```
G Y Z A O P K N A R A Z C W
P O E W H R O J Ë J I M Ë F
U J L M Q O M E H K R N T B
B H A A B G U R I O Ë O I T
L L B F A R N Ë S N M N Z A
I P O I M A I Z T T H E Ë D
K G L K I M T I O A S V R I
R H G Y R E E M R K R O E F
F H B R Ë T T I I T E J J S
R O V F S W I B J E D A N T
D I N O I S I M V T N Q N G
W W W D P Q F I N A N C A V
V S D N E B U J A R I Q H E
A V D A Q T E P U R G U Q O
```

NEVOJA
GOLA
BAMIRËSI
KOMUNITETI
KONTAKTET
SFIDAT
FËMIJË
FINANCA
FONDET
NJERËZIT

BUJARI
GLOBALE
GRUPET
HISTORI
NDERSHMËRIA
NJERËZIMI
RINIA
MISIONI
PROGRAMET
PUBLIK

13 - Diplomatie

```
G  B  I  S  Ë  T  J  E  R  D  B  O  D  P
J  Ë  I  I  T  J  Z  D  L  P  A  V  I  O
K  Y  T  G  K  H  S  Z  Q  G  S  Q  P  L
O  K  E  U  I  J  J  Q  R  F  H  Y  L  I
M  Ë  T  R  L  A  A  P  N  W  K  T  O  T
U  S  I  I  F  O  S  M  Z  Y  Ë  E  M  I
N  H  R  A  N  Y  Z  X  M  Q  P  T  A  K
I  I  G  D  O  N  C  E  R  E  U  A  T  A
T  L  E  A  K  I  T  E  R  V  N  R  I  Q
E  L  T  S  L  X  K  H  Y  E  I  Ë  K  W
T  T  N  A  K  I  G  C  V  R  M  T  E  I
I  A  I  B  X  X  W  W  E  I  I  U  N  B
N  R  G  M  M  I  T  U  K  S  I  D  U  C
H  E  R  A  T  E  T  Y  Q  Ë  K  Q  M  I
```

AMBASADA	DISKUTIM
QYTETARËT	ETIKA
QYTETARE	QEVERISË
KOMUNITETI	INTEGRITETI
KONFLIKT	DREJTËSI
KËSHILLTAR	POLITIKA
BASHKËPUNIMI	REZOLUTË
DIPLOMATIKE	SIGURIA

14 - Astronomie

```
F L S P I L K E W Z S R O R
P Z G A L L E I Q B U K B R
D L Y J L O W L Q B P P S E
I N A A R Ë J R P M E B E Z
E T I N O K Z Ë A H R R R A
L U H L E I A I S F N A V T
L A Ë L T T D S S I O K A I
O N N U E K G O T A V E T M
R O A G M A W M E R A T O I
E R O E P L I Z N Q O Ë R J
X T E J E A K O T Y W N I G
Z S C M U G Q K Q A Z M O B
V A S T E R O I D I V H A M
E K U I N O K S I W B J O D
```

ASTEROIDI	HËNA
ASTRONAUT	METEOR
ASTRONOM	MJEGULLNAJA
QIELL	OBSERVATORI
PLOJËSI	PLANET
KOZMOSI	RREZATIMI
EKLIPS	DIELLORE
EKUINOKSI	SUPERNOVA
RAKETË	TOKA
GALAKTIKË	

15 - Physique

```
F P E L E K T R O N A E M F
O Ë I I Ë C M I R G E L A R
R R E W T E Q T L C T F G E
M S R F U E I E E V Q G N K
U H O E G L T T T K T G E U
L P M E K A N I K A U P T E
Ë E A Y A S D V V C J T I N
V J H K F R E I K A O S Z C
A T T I E E N T V S R S M A
Y I R M G V D A A M Z G I M
F M Ë I A I Ë L W M G A R A
A I B K Z N S E G L R R J S
Y V K E B U I R O T O M D A
J P A T O M A L U K E L O M
```

PËRSHPEJTIMI   MAGNETIZMI
ATOM   MASA
KAOS   MEKANIKA
KIMIKE   MOLEKULA
DENDËSIA   MOTOR
ELEKTRON   BËRTHAMORE
FORMULË   GRIMCË
FREKUENCA   RELATIVITETI
GAZ   UNIVERSALE
GRAVITETI

16 - Types de Cheveux

```
B J O N D R U D N E Q X A U
I T H A T Ë T L I T F U X E
X N M V H W N P I R I A H N
V O Y H B P X Ë T A J G K K
S H K Ë L Q I M E S L R U C
R O U Ë L L O H I H J R E M
W Y R P H Y L W U Ë Q U Z E
I S H Ë N D E T S H Ë M E N
B U T Ë V B R Z R N G U Z G
M E O N D E V A V D Z R Ë J
T U L L A C B K B M Z J Y Y
I S H K U R T Ë R E D Y U R
W N U L K A Ç U R R E L L Ë
V A Q B A R G J E N D I B M
```

ARGJENDI
E BARDHË
BJOND
CURLS
SHKËLQIM
TULLAC
ME NGJYRË
I SHKURTËR
BUTË
E TRASHË

KAÇURREL
GRY
GJATË
KAFE
I HOLLË
E ZEZË
ME ONDE
I SHËNDETSHËM
THATË
ENDUR

17 - Archéologie

```
H E P H A R R U A R X E S M
Z L P A Z I L A N A J K T I
R I H O N O T K J J V S U S
K S A V K J R X L S L P D T
Y O X U P Ë O L Z Ë E E I E
Y F Z T W E S H O H R R U R
K O C K A T E Z U D Ë T E R
P K G K M F F B F R S X S E
E T K E J B O W C A I P B L
Z Ë K I M A R E Q S M I U I
V A R R I R P K C A I T F K
L A S H T Ë S I A P Q I A E
Q Y T E T Ë R I M I P I K E
T E M P U L L G K I Y A H R
```

ANALIZA	PANJOHUR
LASHTËSIA	MISTER
STUDIUES	OBJEKTE
QYTETËRIMI	KOCKAT
PASARDHËS	HARRUAR
EKSPERT	QERAMIKË
EPOKË	PROFESOR
EKIPI	RELIKE
VLERËSIMI	TEMPULL
FOSILE	VARRI

18 - Mammifères

```
O I I G E G J I R A F Ë F K
P W H O U J J I C T Y Q O O
Z A X R V X G D E M G K K J
E N J I R U P E L Q A I S O
T E U L U I Z T D L U T B T
U K E L G R T Q E N U N K Ë
O D F A N A F I T N D A P I
B X U R A O Z Z G A M F N K
Y A B Ë K O H S O Ë R E I I
U C L B J D P E S L R L F X
J C H E I N U M J A M E L D
K I L Z N H N A I K A B E E
U T B P Z A T C W H X R D L
X D E H Z K E E P X R Z S E
```

BALENA	LEPURI
MACE	LUANI
KALË	UJKU
QEN	DELE
KOJOTË	ARIU
DELFIN	FOKS
ELEFANTI	MAJMUN
GJIRAFË	DEM
GORILLA	TIGËR
KANGUR	ZEBËR

19 - Chocolat

```
E  S  H  I  J  S  H  M  E  N  G  R  L  K
K  I  K  I  R  I  K  Ë  T  N  L  P  Q  Y
B  S  Ë  R  Ë  B  R  Ë  P  H  L  L  A  M
A  N  T  I  O  K  S  I  D  U  E  S  K  E
Ë  M  I  S  O  K  O  K  I  Y  M  V  A  Ë
O  M  R  Y  H  A  F  D  K  W  A  L  K  M
Y  Q  O  Z  U  I  H  C  C  N  R  C  A  B
A  K  L  R  A  G  J  Z  X  H  A  G  O  Ë
T  A  A  B  A  O  P  E  X  Z  K  Z  K  L
E  K  K  E  P  R  E  F  E  R  U  A  R  A
C  I  L  Ë  S  I  A  P  L  U  H  U  R  D
E  K  Z  O  T  I  K  E  S  M  T  U  Y  M
R  K  A  R  A  M  E  L  E  G  C  O  O  B
E  H  I  D  H  U  R  E  Q  E  H  S  D  U
```

E HIDHUR	EKZOTIKE
ANTIOKSIDUES	E PREFERUARA
KARAMELE	SHIJE
KIKIRIKËT	PËRBËRËS
KAKAO	KOKOSI
KALORITË	PLUHUR
KARAMEL	CILËSIA
E SHIJSHME	RECETA
E ËMBËL	AROMË
MALL	SHEQER

20 - Mathématiques

```
T A R I T M E T I K Ë E R G
T R Ë T E M I R E P R K P J
N R E P A R A L E L U U I E
E N I K Y H R V S H K A N O
N A H D Ë S E Y H T D C G M
O X D G L N P Q U G H I U E
P V P I W G D R M G J O L T
S U H N A W U Ë Ë S E N Z R
K W N U K M L M S Q T I E I
E Ë F I H S E H S H O L L A
L I N I U U T T P A R B U M
V Z G D B X V I R T E M I S
W T V Y E I N O G I L O P Z
A C N E H T E R R S O L K N
```

KËNDET	GJEOMETRIA
ARITMETIKË	PARALEL
SHESHI	PINGUL
RRETHENCA	PERIMETËR
DHJETORE	POLIGONI
DIAMETRI	SHUMË
EKSPONENT	SIMETRI
EKUACIONI	TREKËNDËSH
THYESË	

21 - Sport

```
Y  P  T  R  U  P  I  R  G  Q  I  U  V  M
H  V  R  N  N  I  V  T  J  Ë  C  R  O  F
W  R  I  O  T  T  C  N  J  N  T  A  M  T
V  M  T  E  G  S  L  I  J  D  Ë  F  A  R
D  I  E  T  Ë  R  T  D  N  R  U  A  X  A
D  P  D  E  Y  B  A  U  E  U  S  A  I  J
I  A  N  Q  K  H  K  M  H  E  H  F  M  N
G  R  Ë  A  G  Z  C  F  I  S  Q  T  I  E
B  V  H  J  R  U  O  Z  R  H  Y  Ë  Z  R
C  T  S  T  S  M  K  R  T  M  E  S  O  V
Ç  I  K  L  I  Z  Ë  M  H  Ë  R  I  C  V
Q  Ë  L  L  I  M  I  O  S  R  I  I  C  R
V  A  L  L  Ë  Z  I  M  I  I  T  L  P  P
M  U  S  K  U  J  T  A  T  L  E  T  W  E
```

ATLET	FORCË
AFTËSI	VRAPIM
TRUPI	MAXIMIZO
ÇIKLIZËM	MUSKUJT
VALLËZIMI	TË USHQYERIT
DIETË	QËLLIMI
QËNDRUESHMËRI	KOCKAT
TRAJNER	PROGRAMI
SHTRIHEN	SHËNDETI

22 - Mythologie

```
Q J W M X E F U R R K K K U
W A Z X Z B M O K K I U R A
E Z W F M W T B R L B L I R
B Z E A E B I N M C F T J K
P A V D E K Ë S I A Ë U E E
L H B N K T N O J R W R S T
U E E E I D C U I U I A A I
F R S J J J E R R P B B A P
T O I G G O H C K E K R A I
Ë Z M E A I Z O L E H X E L
T V E L M B U B U L L I M A
A U T I F C S J E L L J E E
R M X V D E K S H Ë M D H O
I S Ë Q E K T A F F F Y R T
```

ARKETIPI
FATKEQËSI
SJELLJE
KRIJIM
KRIJESA
BESIMET
KULTURA
RRUFE
FORCË

LUFTËTARI
HERO
PAVDEKËSIA
XHELOZIA
LABIRINT
LEGJENDA
MAGJIKE
VDEKSHËM
BUBULLIMA

23 - Restaurant #2

```
A P Z O X Y O T F S E D Z J
E U I Z L H I Y R R S R G N
D P I R L V Ë G U L H E G E
U E J H U O P F T W I K D I
G R V S K N U Y A K J Ë K Z
O I W T A A S F W T S Z D O
S M T S Z P M Q S K H E R K
D E T R Ë K M A K R M V D A
P T Z D R T G N R K E U E R
D E Q B E A U D A I R J Q R
T Y T A A K R I P Ë E I S I
V U Q Ë T R O T S P U R U G
X O W Ë T A L L A S M S L E
P I J E P D P I W P E S H K
```

PIJE	TORTË
KARRIGE	AKULL
LUGË	PERIMET
DREKË	PETË
E SHIJSHME	VEZË
DARKA	PESHK
UJI	SALLATË
ERËZA	KRIPË
PIRUN	KAMARIER
FRUTA	SUPË

24 - Avions

```
H M G J V P U K W F P H L E
A I S Ë T R A L H Q A J J K
H T S E J N D B J Q S D A U
P J M T O L I P Q E A T T I
F E C K O F R Y J V G U M P
B R K H E R T D N V J L O A
R D F U H S I F U U E L S Z
Q K A R B U R A N T R U F H
C I H I D R O G J E N M E I
J L E Ë R U T N E V A B R S
Q T Q L Q K O V Z K R A Ë X
L T C H L F M R A E H C B P
Z B R I T J E A J R I E A E
N D Ë R T I M I S Ë T R A L
```

AJRI	DREJTIM
LARTËSI	EKUIPAZHI
ATMOSFERË	FRYJ
ULJE	LARTËSIA
AVENTURË	HISTORI
TULLUMBACE	HIDROGJEN
KARBURANT	MOTOR
QIELL	PASAGJER
NDËRTIMI	PILOT
ZBRITJE	

25 - Aventure

```
N A V I G A C I O N E I N Q
P Ë R G A T I T J A K U R S
A K T I V I T E T I S G S I
I T I N E R A R I I K S C O
V K B V I M Z A I Z U T N E
B E F A S U E S E Z R M S I
V Ë S H T I R Ë S I S H I M
W G L G Ë Z I M L P I I G U
A T T E S F I D A T O R U N
E P A Z A K O N T Ë N Ë R D
E R R E Z I K S H M E M I Ë
D E S T I N A C I O N I A S
N A T Y R A E U S J Z R D I
B U K U R I Q B K L L T B D
```

AKTIVITETI

BUKURI

TRIMËRI

E RREZIKSHME

DESTINACIONI

SFIDAT

VËSHTIRËSI

ENTUZIAZMI

EKSKURSION

E PAZAKONTË

ITINERARI

GËZIM

NATYRA

NAVIGACION

I RI

MUNDËSI

PËRGATITJA

SIGURIA

BEFASUESE

26 - Ville

```
T S A T S W J Z J N K N K P
Q Ë I M U I D A T S I I L Z
T T R O P O R E A Y N H I M
E I P O E K R U F Q E O N N
A H T I R A R B I L M T I N
T S R F M H K B S D A E K R
R E E A A X I U N W X L A E
I L G K R N C R G S E C R S
A U U Ë K N A B A H S M A T
N L X K E B M Z L K A B Q O
K R W U T N R U E O L R C R
Z A M U Z E A W R L L E R A
B R F B O A F P I L O O T N
V Z A E G V G K N A N Q D T
```

AEROPORT
BANKË
FURKE
KAFE
KINEMA
KLINIKA
SHKOLLA
LULESHITËS
GALERI
HOTEL

LIBRARI
TREGU
MUZE
FARMACI
RESTORANT
SALLON
STADIUMI
SUPERMARKET
TEATRI

27 - Ingénierie

```
E  I  N  G  R  A  N  A  Z  H  E  T  X  I
D  N  Ë  K  L  L  O  G  A  R  I  T  J  A
Z  F  E  J  R  A  D  N  R  Ë  P  H  S  C
S  Ë  C  R  O  F  W  U  Z  R  L  F  Y  X
P  T  X  G  G  S  T  R  U  K  T  U  R  A
B  F  A  H  Ë  J  W  P  M  F  R  G  O  C
O  A  J  B  N  L  I  R  T  E  M  A  I  D
I  N  J  L  I  V  N  D  Ë  R  T  I  M  I
M  T  A  Ë  K  L  D  I  A  G  R  A  M  Ë
H  O  J  N  A  Q  I  S  Ë  L  L  E  H  T
F  J  T  G  M  B  Q  T  A  K  S  I  I  O
V  D  A  O  U  P  U  O  E  H  R  S  V  W
M  N  M  D  R  K  J  I  I  T  A  G  A  W
S  H  T  E  S  J  E  N  D  S  I  X  V  B
```

KËND	FORCË
AKSI	LËNG
LLOGARITJA	MAKINË
NDËRTIMI	MATJA
DIAGRAMË	MOTOR
DIAMETRI	THELLËSI
NAFTË	SHTESJE
SHPËRNDARJE	STABILITETI
INGRANAZHET	STRUKTURA
ENERGJI	

28 - Énergie

```
V D E B K A R B U R A N T R
V I L E M H S E U V O N I R
A E E N E J G O R D I H V T
C L K Z I R T N F G T R N U
B L T I N V N N D O U M F R
A N R N O B R A K O T F W B
T X I Ë R I S R R O T O M I
E E K I T N N E S I S J N N
R H E G K F U A E Z C V A Ë
I T V R E V A I P O R T N E
V Ë S O L D B N K L L W K A
P S I D E J M P C B W K Y A
U I D I N D U S T R I A G A
Y A B Ë R T H A M O R E F O
```

BATERI	HIDROGJEN
KARBON	INDUSTRIA
KARBURANT	MOTOR
NXEHTËSIA	BËRTHAMORE
NAFTË	FOTON
ENTROPIA	NDOTJA
MJEDIS	RINOVUESHME
BENZINË	DIELL
ELEKTRIKE	TURBINË
ELEKTRON	ERA

29 - Corps Humain

```
F Y T Y R A L J B R D R B D
G O J A I B R Ë J F O H Ë K
D Q O P Z S Q F K C R B R Y
K Z T G X U Z A R U Ë Z R Ç
C Z I Q X Q V Q A J R R Y R
B B D G Y H U H B G Z Ë L I
U C T S J H G K Y V U B S T
Z V P V I A F T J T O G Ë H
Ë Z E M R A K L V V O V D S
T A A Z U B H U Z N E V N I
R W V M R E I I R K N S U G
Q S O T T W K O K Ë J X H V
M J E K Ë R N O F U L L A D
S U P W G T N P C L H Y E P
```

GOJA	BUZËT
TRURI	DORË
KYÇRI	NOFULLA
QAFË	MJEKËR
BËRRYL	HUNDË
ZEMRA	VESH
GISHTI	LËKURËS
BARK	GJAK
SUP	KOKË
GJU	FYTYRA

30 - Épices

```
P S K E U P F A A O U Y M D
I P H A M P P N K R J P D R
P E S R R Ë P I R K O K L Ë
E C Y U C D Z S Z D Q M G D
R I M W E I A E O P B G Ë N
G K Ë P E Q C M U E J N R A
Y U R N X Q Y M O B D E F I
H Q R U H D I H E M A Y U R
E U A S H A F R A N P F E O
Z N D P U U T Ë L L E N A K
E W Q H J A M B A L L Y J O
U H O F Ë K E R R I S O K P
F T D O J R V A N I L J E Ë
K C V Z Q I M N O N V W Q R
```

KOSI	ARRËMYSHK
HUDHËR	QEPË
E HIDHUR	SPEC I KUQ
ANISE	PIPER
KANELLË	JAMBALL
KARDAMOM	SHAFRAN
KORIANDËR	AROMË
QIMNON	KRIPË
KERRI	VANILJE
KOPËR	

31 - Science

```
O N S H K E N C Ë T A R F L
R A Z E T O P I H P V N O A
G T J K A D O T E M F G S B
A Y A Q M N E F L P A R I O
N R I W I O Ë M P A T A L R
I A N A L L W H Q K O V E A
Z U O T K A F U D R M I K T
Ë M I T J O R V R Ë E T I O
M H C R G R I M C A T E M R
R L U E D H M B T K K T I Y
M O L E K U L A T O L I K Q
V B O F M I N E R A L E T Z
B P V F I Z I K A E Z O I P
T N E M I R E P S K E G M Z
```

ATOM	LABORATOR
KIMIKE	METODA
KLIMA	MINERALET
TË DHËNA	MOLEKULAT
EKSPERIMENT	NATYRA
EVOLUCIONI	VROJTIM
FAKT	ORGANIZËM
FOSILE	GRIMCAT
GRAVITETI	FIZIKA
HIPOTEZA	SHKENCËTAR

32 - Vêtements

```
P O K I R T E F F M T W B S
I A Y R F N J N I S G X X T
R Z L E N Ë J C A B I H B Y
R E Y L Ë M A M A H Z I P B
G R Z A T R K K B N Y N M L
J O Y D E O S I S A P S U U
E D B N K F Y M K H T N B Z
R T T A A T Y L Ë F A H O Ë
D R J S H A D O M M C L K L
A O D O X L Z Q I J N Y L E
N N H Y N P A J S W N P Z P
O X T D J P E J H S E V J A
E D E G Q Z O C Ë A J K O K
P A N T A L L O N A J B A H
```

BYZYLYK	SKAJ
RRIP	PALLTO
KAPELË	MODA
MBATH	PANTALLONA
KËMISHË	TRIKO
BLUZË	PIZHAMA
GJERDAN	VESHJE
SHALL	SANDALE
DOREZA	PLATFORMË
XHINS	XHAKETË

33 - Arts Visuels

```
S  S  A  I  R  A  T  M  I  J  I  R  K  P
K  T  R  R  P  Ë  R  B  Ë  R  J  A  P  O
U  I  T  U  H  G  G  E  V  F  I  R  C  R
L  L  I  R  M  K  A  H  I  P  I  A  S  T
P  O  S  D  L  A  P  S  T  I  G  L  Ë  R
T  L  T  R  Y  J  Y  I  K  K  Y  J  M  E
U  A  Q  Y  L  L  D  L  E  T  Y  N  U  T
R  P  S  M  V  L  L  K  P  U  H  J  K  U
Ë  S  L  Y  D  Q  A  I  S  R  X  N  H  T
D  H  S  Q  H  J  G  K  R  Ë  S  F  S  K
L  D  X  D  K  R  Ë  P  E  V  E  Y  R  K
K  Ë  M  B  A  L  E  C  P  S  F  Z  G  M
G  T  B  F  H  T  Q  E  R  A  M  I  K  Ë
W  U  O  B  A  L  T  A  H  O  S  R  F  Y
```

BALTA
ARTIST
QERAMIKË
QYMYR DRURI
KRYEVEPËR
KËMBALEC
DYLLI
PËRBËRJA
SHKUMËS
LAPS

KRIJIMTARI
FILM
PIKTURË
PERSPEKTIVË
KLISHE
PORTRET
SKULPTURË
STILOLAPS
LLAK

34 - Méditation

```
S A K I Z U M L D Q F X P V
K J H U T M J X H A R G O R
T Z G N J A V B E R Y F S O
E I E R O D N E M T M P T J
N V I A T L E N B Ë Ë R U T
O Ë P U L U F S S S M A R I
I L A J L L D N H I A N A M
C G Q G U Z F A U T R I H U
O Q E Z N K G T R F R M E Q
M I R Ë S I H Y I F J I S Z
E J H O J N Ë R I M A X H C
D P T E N O K A Z H H S T L
A P E R S P E K T I V Ë J F
K S V K D F Q E T Ë S I E P
```

PRANIMI
KUJDES
QETËSI
QARTËSI
DHEMBSHURI
EMOCIONET
ZGJUAR
MIRËSI
MIRËNJOHJE
ZAKONET

MENDORE
LËVIZJA
MUZIKA
NATYRA
VROJTIM
PAQE
PERSPEKTIVË
POSTURA
FRYMËMARRJA
HESHTJE

35 - Littérature

```
A P T F V T C K W Y A Ë N X
N O R X G D P I A R U M A B
E E I D E J G A R T T I E G
K T L A N S T U D D O R L T
D I L I A J I I G M R Y L S
O K I J M I R K H S R Ë P T
T E M G O D F A L H I E Z I
Ë P F O R W I A Z T U C Ë L
C C O L E D Y A R I T Ë M I
R O T A R R A N L G H X E P
H A A N A L I Z A O O N O M
M E T A F O R A R Q G I P B
K R A H A S I M F C S U B Y
P Ë R F U N D I M D D X L B
```

ANALOGJIA
ANALIZA
ANEKDOTË
AUTOR
BIOGRAFIA
KRAHASIM
PËRFUNDIM
PËRSHKRIM
DIALOGU
TRILLIM

METAFORA
NARRATOR
POEMË
POETIKE
RIMË
ROMAN
RITËM
STILI
TEMA
TRAGJEDI

36 - Nourriture #1

```
K T P D T Z Q Y J T O W Y W
C A T O R R A K P U Q F D G
T G N Ë L H N X Q N H G D H
H F D E K C I Ë T A L L A S
B J Y F L Ë P I R K O H R I
E O K A U L S R G W W Y R M
L D R K C J Ë H D R A D E L
B C E Z O J P C I B D A P Z
D N Q Z I C E A L F K H Ë U
P A E G G L Q L E J N Z P G
R Ë H D U H O I I J C Z U C
D B S W K Y C K K M B B S V
Q U M Ë S H T X F M O Z G Z
M D E M Q L H M Z M D N Q R
```

HUDHËR
BORZILOK
KAFE
KANELLË
KARROTA
LIMON
SPINAQ
LËNG
QUMËSHT
RREPË

QEPË
ELB
DARDHË
SALLATË
KRIPË
SUPË
SHEQER
TUNA
MISH

37 - Jours et Mois

```
H E C M U A J E H N I R J N
S P I W R B G H A X S P I Ë
H R O T H O M Ë T R A M E N
K E B J S D P N M M L N D T
U M F L L T D Ë C E K B A O
R T U Z L S H T A T O R B R
T E Ë K I R R O K L L P T E
J A N A R A D N E L A K I Z
H V U N P O A A N K Y R M F
P A T I R T H S U G Y O A Z
I J H A H Z U S U G C T R H
E S S Y Ë R U K R Ë M E S X
A V E T J N E E A E L T E A
E D I E L T A U L F Q L F X
```

GUSHT	E MARTË
PRILL	MARS
KALENDAR	E MËRKURË
E DIEL	MUAJ
SHKURT	NËNTOR
JANAR	TETOR
E ENJTE	E SHTUNË
KORRIK	JAVA
QERSHOR	SHTATOR
E HËNË	E PREMTE

38 - Jardinage

```
F E F B V P L L O J E T Ç L
P L E Ç Q L L P A Y O C O U
B S E J Y E W R U J I F R L
G C N T N H B L K P P H A E
Q J X H Ë R O T Ë E W N P S
V K E A N A T S L M N N E Ë
E U L T E S A E L I A G A K
K Z T I H H N Z S S K R G O
Z A T K M C I O I H L Ë E T
O F A R A A K N P T E N A A
T G S F I N B A M E H S H B
I T H S Ë G A L H Y V H K H
K Z Y S B Ë T E Q U B Ë J Y
E Z N U H N E R N K E M H H
```

BOTANIK	ÇEL
BUQETË	LULES
KLIMA	FARA
NGRËNSHËM	LAGËSHTI
PLEHRASH	ENË
UJI	SEZONALE
LLOJET	PISLLËKU
EKZOTIKE	TOKËS
GJETH	ÇORAPE
FLETË	PEMISHTE

39 - Entreprise

```
P B X H D F A B R I K Ë Q F
L U U P B Y P E O P S R W I
J Y N X R O Q U S A H Y S T
T R M O H U B A C R I Z M I
D A G M N E Q M N A T Z O M
K O S T O J T U X T J R M I
M A L L I N Ë Y Y Ë E Q I R
P X Q U M I B S V A L U T A
T T R A N S A K S I O N S C
K A R R I E R Ë G N O T E N
T S K O M P A N I M W H V A
C K T Ë A R D H U R A J N N
V A E K O N O M I J P L I I
K T P U N Ë D H Ë N Ë S I F
```

PARATË
DYQAN
BUXHET
ZYRË
KARRIERË
KOSTO
VALUTA
PUNËDHËNËSI
PUNONJËS
KOMPANI

EKONOMI
FINANCA
TAKSAT
INVESTIM
MALLIN
FITIMI
TË ARDHURA
TRANSAKSION
FABRIKË
SHITJE

40 - Activités

```
K O P S H T A R I M I X E L
I Y S R K E H N G J C G Z A
S I D E H T R A X Ç G G C K
Ë R I L E A H O K L N A E T
T F B L Q N Z K W O I R M I
F I S Ë Q A N Ë K D K U T V
A I T Q R Z W S L H I T Y I
K A M P I N G G X J H K B T
M Q A I T K P Z J E E I N E
I I K I K N U T G U D P E T
E Z K Q T H L M C Z E Q Y I
L O J Ë R A S O C Q U T L W
C I J S K V I E J P E Q I Y
Q E R A M I K A P D A C K A
```

AKTIVITETI	LOJËRA
ART	LEXIMI
ZANATET	KOHA E LIRË
KAMPING	MAGJI
QERAMIKA	PIKTURA
GJUETIA	PESHKIMI
AFTËSI	KËNAQËSI
QEPJE	HIKING
KOPSHTARI	ÇLODHJE

41 - Mode

```
M E V A G U O U Ë R M C M M
U L E L E J R I R P O Q O V
B E S M T C C D U O D Ë D E
U G H Q H L I A H W E N E J
T A J B J D S L L D R D S S
I N E B E N P P Ë A N I T H
K T X H S I R R P S E S D K
T E A C H J U E A J I J Z E
A L L E T N A D H K K E T N
N B R U Ë O M V A A T Y A J
O S T I L I O F T R T I E T
T L S I L V D X B T O E K E
U C C A Q C E Y W Z U A C E
B Y X T S I L A M I N I M R
```

BUTIK

BUTONAT

QËNDISJE

SHKENJTE

REHAT

DANTELLA

ELEGANTE

MINIMALIST

MODERNE

MODEST

MODEL

PRAKTIKE

E THJESHTË

STILI

PRIRJE

CILËSI

PËLHURË

VESHJE

42 - Fleurs

```
P H B G F Q Z V Y O L L Q L
Z J S O A S F Ë T E Q U B U
G H P Y Z R V V D P E L H L
K I J F S H D F Q R K E I Ë
L L N O K U U E J U L R B K
I L I F R Ë T R N K I A I U
V E O R S H Y C E I F D S Q
A I L O N G A M H N A H C E
N D A F F O D I L I D I U D
D E R B Y I Y H Q M N Q S I
O L T U L E P S Q E Ë E K K
Y U Z A M B A K I S R R N R
S L N D Q N B I L A T E P O
J A R G A V A N C J D R G Y
```

BUQETË
GARDENIA
HIBISCUS
JASEMINI
DAFFODIL
LIVANDO
JARGAVAN
ZAMBAK
MAGNOLIA
DAISY

ORKIDE
LULËKUQE
PETAL
LULERADHIQE
BOZHURE
TRËNDAFIL
LULEDIELLI
TËRFILI
TULEP

43 - Nourriture #2

```
B W P Y H J R W I C Z V H I
O R V A H D U P R Ë K N E X
R O O P T C I V I K V E Z Ë
I X G K H Ë R J Q U J N C T
Z Z N H O Ë L W H B P A W A
L I A S R L Ë L L O M N N L
O V M E K U I D X N Y A A L
R G K P T P P H S H Q B O O
B S E L I N O M S A A U R K
A R R U S H I T R R S N G O
J E E A L Z V N E E E K R Ç
A A U W H H S R O Y H Q U W
M P R O S H U T Ë N N S R J
E T A M O D C S W A W D I J
```

BAJAME
PATËLLXHAN
BANANE
GRURI
BROKOLI
QERSHI
SELINO
KËRPUDHA
ÇOKOLLATË
PROSHUTË

KIVI
MANGO
VEZË
BUKË
PESHK
MOLLË
PULË
RRUSHIT
ORIZ
DOMATE

44 - Algèbre

```
Z T Z V V H F C Q Z R K F P
B H R G A C D A Y E Q L O R
R Y A E J R C I F R Z L R O
I E X E W I I E A O S A M B
T S H D D S D A R G U P U L
J Ë V E B A R H B G R A L E
A D J M Z S F S J Ë U A Ë M
E K S P O N E N T E L N M I
L Q C G R A F I K P M U X Ë
F A K T O R I U L A B M K V
M A T R I C Ë G O F H Ë E R
I R R E M Ë Q H X U Y R L J
P E L I N E A R E N K H L H
E K U A C I O N I D N C Z W
```

DIAGRAMË   MATRICË
EKSPONENT   NUMËR
EKUACIONI   KLLAPA
FAKTORI   PROBLEM
I RREMË   SASI
FORMULË   ZGJIDHJE
THYESË   ZBRITJA
GRAFIK   VARIABËL
PAFUND   ZERO
LINEARE

45 - Océan

```
S I Y V F D J H B K F O G W
U T J X E E N J X X I K O S
U E U B I L B S K D O T C F
W D G H T F R K A G Y A Ë U
S L J U I I E N R B C P D N
F I W F M N S E K A X O E G
Y D O X C Ë H Q A L X D T J
M N S X A R K A L E A N I E
X A I Ë P S Ë K E N N R R R
J K T P U N N H C A G I O Ë
T A C I T A B S A J J L D K
U J B R R A U E A M A H B R
N B V K H S E P T Ë L A V A
A J R R O F A G N F A T B V
```

NGJALA	KANDIL DETI
BALENA	PESHK
VARKË	OKTAPOD
KORAL	PESHKAQEN
GAFORRJA	GUMË
KARKALECA	KRIPË
DELFIN	STUHI
SFUNGJER	TUNA
GOCË DETI	BRESHKË
BATICAT	VALËT

46 - Remplir

```
D D W I X O G U E Q Z A E Z
R O Z A V A P V H E O C S K
E H S I H S X M O I I J P V
I R Ë J G O I N O T R A K A
Q V T N E G E L L U N R P L
Q F R A Z H H T Z K A K R I
B X O E B Ç A N T Ë R Ë X X
E F P B F A A N I J E V H H
C N H M Y G K L Ç W E O E E
J K S P A K O A U Y M K P K
A O S K P Z W B F V G O A B
R A T R I S T A G Q B Y C E
T Q S H J K Y O W X Q G P S
V E W X P U C W M B J I C Z
```

FUÇI	PAKO
LEGEN	TABAKA
KUTI	XHEP
SHISHE	JAR
ARKË	ÇANTË
KARTONI	KOVË
DOSJE	SIRTAR
ZARF	GYP
ANIJE	VALIXHE
SHPORTË	VAZO

47 - Antiquités

```
D B G Q F M K P A J N P C R
X E K U N N O X X H W A I E
G S K K Z R A B Y G H Y L S
A M K O U A F B I S S A Ë T
L I X F R Y J D J L A H S A
E T E T N A G E L E J D I U
R S A R Z R T V K X P E A R
I E R A Y E Z I R F Q N F I
A V U S X L Y W V U V O C M
Q N T X M V S X N E B M F I
X I K A U T E N T I K E W M
K J I A N B I Z H U T E R I
V Y P K N S H E K U L L I M
W P C I K D S T I L I U Q Ç
```

ART
AUTENTIKE
BIZHUTERI
DEKORATIVE
ANKAND
ELEGANTE
GALERI
INVESTIM
MOBILJE

PIKTURA
MONEDHA
ÇMIMI
CILËSIA
RESTAURIMI
SHEKULLI
STILI
VLERA

48 - Ballet

```
P K O R E O G R A F I M A K
O Q V E O U D I N R S U U O
O A T S E J G D I U Ë Z D M
L R V Ë M N Q C R T T I I P
O G K H Ë U O N E E F K E O
S R S E H X Z P L K A A N Z
B U Y R S P V Z A N V U C I
A O I P D T S Z B I O Q Ë T
M L Q H N Q Ë G J K R Y G O
O Ë S S Ë L W R O Ë P G Y R
E J T I K O R T R A U D X P
C Z I I T E T I S N E T N I
U D L Y R A R T I S T I K E
B X I W C M U S K U J T B P
```

DUARTROKITJE
ARTISTIKE
BALERINA
KOREOGRAFI
AFTËSI
KOMPOZITOR
SHPREHËSE
GJEST
KËNDSHËM
INTENSITETI

MUSKUJT
MUZIKA
ORKESTËR
AUDIENCË
PROVA
RITËM
SOLO
STILI
TEKNIKË

49 - Fruit

```
B L Z F L K I V I M F W N D
A L S E Q I E C S H O M Q M
N R Ë D E J M Y U G D L Y D
A Ë H P R F Z O I G A L L H
N P D O S A N A N A K U R Ë
E E R R H J K I I W O B R K
C J A T I A A Q T K V M U H
E P D O Q P J O G P A U S S
W R M K D A S P U I Y K H E
X U G A A P I B A S F G I J
S I Q L T J U M V H H U T P
U Q H L P D B L A G B F W C
P T K I S B J R A S P S O G
N E K T A R I N Ë M A N G O
```

KAJSI	MANGO
ANANAS	PJEPËR
AVOKADO	NEKTARINË
BANANE	PORTOKALLI
QERSHI	PAPAJA
LIMON	PJESHKË
FIG	DARDHË
MJEDËR	MOLLË
GUAVA	KUMBULL
KIVI	RRUSHIT

50 - Technologie

```
L I S E T Y B K Z E E D M D
L M T N O F R E U T F O S I
O Q A F H S A Q X R V M B X
K K T N J K I M Z A S Z K H
O A I T E N R E T N I O Q I
M M S Z J J U K M D V W R T
P E T C S G G D Ë E N C I A
J R I C O I I T H R S X Z L
U A K S D H S Y P G K A G S
T L A U T R I V N R T I Z N
E E K R A N T P Z K K B M H
R S H F L E T U E S I L T E
T Ë D H Ë N A F L W K O S P
P S Z M V I R U S I I G Y V
```

SHFAQ	SHFLETUESI
BLOG	DIXHITAL
KAMERA	BYTES
KURSOR	KOMPJUTER
TË DHËNA	FONT
EKRAN	KËRKIME
DOSJE	SIGURIA
INTERNETI	STATISTIKA
SOFTUER	VIRTUAL
MESAZH	VIRUSI

51 - Musique

```
B A L A D Ë K P X L O H T X
M R K U H M L K O R Y D L Z
U E Ë T A I A Ë O E I M C X
Z G N N R K S N O I T T G O
I J D E M R I G H D J I Ë P
K I O M O O K Ë D O H H K M
O S N U N F E T S L M M I E
R T I R I O A A R E P O N T
Z R V T I N R R P M A K O V
G I A S P T F J A L B U M O
D M H N Y H M A Z P A H R K
Y I E I X E R I O W A F A A
M U Z I K A N T K Q G E H L
L I R I K E W Q G E T P S R
```

ALBUM	MELODI
BALADË	MIKROFON
KËNDONI	MUZIKOR
KËNGËTARJA	MUZIKANT
KLASIKE	OPERA
REGJISTRIMI	POETIKE
HARMONI	RITËM
HARMONIK	RITMIKE
INSTRUMENT	TEMPO
LIRIKE	VOKAL

52 - Météo

```
P N P X F A Z K F L P T Y E
N O Q S U K Q L L A Ë H A F
H S L M G U I I L G R A R E
I U V A Z L E M A Ë M T T O
V M R A R L L A D S B Ë T D
Y M E G V E L G T H Y S H A
L L U G E J M A G T T I A N
C I B D T D L U K E J A T R
O H I E Z V H F V I E A Ë O
M U W Ë R U T A R E P M E T
A T M O S F E R Ë M P O P Y
H S B U B U L L I M H E R V
H J A K Q H I X B Q S Z Y T
L A G H E J W Y G W W A Q Y
```

YLBER
ATMOSFERË
FLLAD
MJEGULL
QIELL
KLIMA
AKULL
LAGËSHT
PËRMBYTJE
MUSON

RE
POLARE
THATË
THATËSIA
TEMPERATURË
STUHI
BUBULLIM
TORNADO
TROPIKAL
ERA

53 - L'Entreprise

```
T  W  D  M  U  N  D  Ë  S  I  I  R  D  P
P  R  B  X  A  I  F  K  E  Z  N  E  L  U
W  R  E  J  C  D  S  T  N  I  O  P  G  N
T  T  O  N  F  G  C  J  Z  N  V  U  T  Ë
V  T  X  D  D  Y  W  U  I  D  A  T  Ë  S
X  E  D  H  U  E  L  C  B  U  T  A  A  I
I  Q  N  W  Z  K  T  I  R  S  I  C  R  M
D  I  Z  D  Z  G  T  L  J  T  V  I  D  I
E  Z  F  S  I  H  P  Ë  E  R  E  O  H  D
K  E  X  H  U  M  A  S  K  I  J  N  U  H
K  R  I  J  U  E  S  I  B  A  I  I  R  K
B  R  K  M  I  T  N  A  Z  E  R  P  A  R
P  R  O  F  E  S  I  O  N  A  L  C  T  M
Y  P  R  O  G  R  E  S  A  B  U  Z  G  U
```

BIZNES	PRODUKT
KRIJUES	PROFESIONAL
VENDIM	PROGRES
PUNËSIMI	CILËSIA
INDUSTRIA	TË ARDHURAT
INOVATIVE	REPUTACIONI
MUNDËSI	RREZIQET
PREZANTIM	TRENDET

54 - Gouvernement

```
T P M M Q P D F P P Z D Y F
Ë Q A G S W O T J A E Y G M
D Y G V S L K L M B P T B D
R T J M A E X K I B M O K I
E E Y O T R E L O T T N U S
J T Q N U O Ë I J G I L F K
T A Ë U T S S S J Q R K E U
A R S M E Ë H Ë I E U S A T
T I O E T Q T T Z A L I F I
D R R N H A E J A C O M O M
Y I L T S P T E R I F B C K
J L X L U C I R A M Ë O U F
G S B A K E H D B A T L B L
K O M B Ë T A R E L I V I C
```

QYTETARI

CIVILE

KUSHTETUTA

TË FOLURIT

DISKUTIM

TË DREJTAT

BARAZI

SHTETI

PAVARËSIA

GJYQËSOR

DREJTËSI

LIRI

LIGJI

MONUMENT

KOMBI

KOMBËTARE

PAQËSORE

POLITIKA

SIMBOL

55 - Randonnée

```
W V Z O F C A H W M W J I R
J M S V Z D Y P A Y A U E P
O M T C E W B R K R C L G I
R P A R Q E T Q L E T Y Ë T
I T J X M G Y H C E A Ë R I
E Ë T M L G K P R N I D Q M
N L I J U U K A N A T Y R A
T O T E B R L E M Z I Ç X S
I D A Z U Ë I C Q P U Ë S H
M H G C V S M L L E I D C K
F U R A I A A O G E T N R Ë
W R Ë U C Z M A H O O Ë G M
X J P K A F S H Ë T M R U B
U D H Ë Z U E S H O U E S U
```

KAFSHËT
ÇIZME
KAMPING
HARTË
KLIMA
UJI
SHKËMB
TË LODHUR
UDHËZUES
E RËNDË

MOTI
MAL
NATYRA
ORIENTIM
PARQET
GURË
PËRGATITJA
I EGËR
DIELL
SAMITI

56 - Art

```
Q Z B H P P P V I Z U A L E
E I U A O O E J H E R P H S
R N N K E R R H A O F F S B
A O I A Z T S L Y R R I I N
M J M R I R O K Y I Y G M P
I I Z U M E N O Ë G M U B Ë
K R I T H T A M T J Ë R O R
E K L K B I L P H I Z A L B
M V A I W Z E L S N U S N Ë
R F E P E O F E E A A P Y R
W B R H X J D K J L R R A J
C O U D B N S S H C D Z Y A
B Y S C M Ë R U T P L U K S
S U B J E K T Z E E X C O B
```

QERAMIKE	PIKTURA
KOMPLEKS	PERSONALE
PËRBËRJA	POEZI
KRIJONI	SKULPTURË
PORTRETIZOJNË	E THJESHTË
SHPREHJE	SUBJEKT
FIGURA	SUREALIZMI
HUMOR	SIMBOL
FRYMËZUAR	VIZUALE
ORIGJINAL	

57 - Nutrition

```
X U B T T X K E E M N W U O
V F A Q A O A H S E P O T R
C V L G V K R U H D I H E E
M X A C D J B V F U W P N K
D Ë N I S K O T U U Q P Ë S
S T C T H S H S T Y D E T I
H I U L I M I T N E M R E F
Ë R A J A W D C I L Ë S I A
N O R M F S R E R Ë Z A D D
D L E S I O A J J D N B Q L
E A T S P U T B Q T H N Y M
T K D D S X E H C N E C F I
I J Y A B F T U Ë M O R A V
V K B P R O T E I N A T T K
```

E HIDHUR   KARBOHIDRATET
OREKSI   PESHA
KALORITË   PROTEINAT
DIETË   CILËSIA
TRETJE   SHËNDETI
ERËZA   SALCË
BALANCUAR   AROMË
FERMENTIMI   TOKSINË

58 - Créativité

```
I Q N E K R I J U E S Z A T
T A D J M K I Y A M U K U H
E R J H I O I V A E O R T Q
T T E E Z K C P P N F G E Z
I Ë S R Ë P R I L A D V N S
S S I P M L X S O T A U T V
N I O H Y K O Ë A N C W I I
E D V S R P T T K O E Ë C Z
T I J Y F L Q F S P R T I I
N K M E X C P A S S G I T O
I Ë T A N I J G A M I U E N
I D E B Z J Z W D H O T T E
T B U V P H A H Q L W N I T
W E K I T S I T R A R I Z T
```

ARTISTIKE
AUTENTICITETI
QARTËSI
AFTËSI
SHPREHJE
EMOCIONET
IDE
IMAZHI
IMAGJINATË

FRYMËZIM
INTENSITETI
INTUITË
KRIJUES
NDJESI
NDJENJAT
SPONTANE
VIZIONET

59 - Science Fiction

```
I  M  I  B  I  L  L  U  K  A  R  O  Z  S
M  B  G  W  Ë  K  I  T  K  A  L  A  G  H
A  Z  L  S  T  P  J  B  J  L  M  M  N  P
T  O  J  Z  O  V  G  S  R  X  I  E  G  Ë
O  Y  X  A  B  B  O  K  P  A  S  N  F  R
M  I  A  K  R  M  L  E  L  J  T  I  U  T
I  E  D  I  K  R  O  N  A  V  E  K  T  H
K  T  K  T  T  L  N  A  N  I  R  U  U  I
E  S  W  S  Ë  A  K  R  E  L  I  T  R  M
X  I  W  A  T  X  E  I  T  U  O  O  I  U
B  L  K  T  O  R  T  N  P  Z  Z  P  S  G
I  A  J  N  B  L  E  R  Y  I  E  I  T  C
M  E  H  A  O  Y  C  M  F  O  E  R  N  Q
W  R  D  F  R  E  H  A  P  N  X  A  H  P
```

ATOMIKE

KINEMA

SHPËRTHIM

EKSTREM

FANTASTIK

ZJARR

FUTURIST

GALAKTIKË

ILUZION

LIBRA

BOTË

MISTERIOZE

ORAKULLI

PLANET

REALISTE

ROBOTËT

SKENARI

TEKNOLOGJI

UTOPI

60 - Professions #1

```
A S N G R E I K N A B V W I
A S T R O N O M I U A H L N
C T A O H L A S A G L G G F
M G K T C I O Z Z P E J P E
U J O K J W D K N Z R U I R
U U V A D E Q R I O I E A M
R H A D A O T C A S N T N I
E A W E W R K X H U P A I E
N R H R F X L T P I L R S R
J I M I I A F A O Q Z I T E
A M B A S A D O R R Z T K B
R Z J A R R F I K Ë S P B N
T H A R T O G R A F B Z Q L
M U Z I K A N T V B Y A T S
```

AMBASADOR	REDAKTOR
ASTRONOM	INFERMIERE
AVOKAT	DOKTOR
BANKIER	MUZIKANT
GJUHARI	PIANIST
HARTOGRAF	HIDRAULIK
GJUETAR	ZJARRFIKËS
BALERIN	PSIKOLOG
TRAJNER	

61 - Géologie

```
N I G B P Ë P I R K O P L F
O R E T P L L A J Ë J U A J
S W J B M L A R O K G F V J
X A Z T N E N I T N O K A S
F W E Q Y P K A L C I U M H
O O R L O H S H K R I R Ë T
V A S G A S Z O N Ë F K L R
A U F I N O I Z O R E K N E
G C L X L K R I S T A L E S
U E I L T E L A R E N I M Ë
R E D D K Q U R M D Z G U Y
R T I T K A L A T S P S F H
N I R G A X N I O K T Y J I
X Y L Z K U A R C I L D G N
```

ACID
KALCIUM
SHPELLË
KONTINENT
KORAL
SHTRESË
KRISTALE
EROZIONI
SHKRIRË
FOSILE

GEJZER
LAVA
MINERALET
GUR
PLLAJË
KUARC
KRIPË
STALAKTIT
VULLKAN
ZONË

62 - Cirque

```
S Y U B X O Y F H P F U I R
P L I A K I Z U M A L U N R
E R E L G N O H X R Ë D A Ç
K O L O A L G G I A F Z U K
T T E N K R B R P D U O L A
A A M A O B G S R Ë S M J F
K T A T S I P Ë I J G A M S
O K R I T L G A T E J E L H
L E A G U E M C N O C I F Ë
A P K Ë M T A R A X J C E T
R S D R H Ë J O F V J Ë M J
E H H E C R M B E F K P Z Y
T R E G O J U A L M V V V R
X E X P A E N T E W Q M G C
```

ACROBAT	MAGJI
KAFSHËT	TREGOJ
BALONA	MUZIKA
BILETË	PARADË
KARAMELE	MAJMUN
KOSTUM	SPEKTAKOLARE
ARGËTOJË	SPEKTATOR
ELEFANTI	ÇADËR
XHONGLER	TIGËR
LUANI	

63 - Jardin

```
P P E L L G T S Y X L O T S
M E P A R O Ç P K G U Z B A
N T M U S Ë K O T S L V U U
Z T F Ë D N A R E V E F S T
P K T H R I M P V K E T H R
G E G D N D A S N E P A K A
Ë A M M B N H D R A G R O M
J N R I L Ë T A P O L R P P
U S S A S L Q B V J G A S O
B A R I Z H O C J J O C H L
A O I C O H T A W R L Ë T I
R T M D A O J E F F L P Y N
G H A R D H I S Ë B I S E Ë
E O E Q X Y L T S U V J Q Q
```

PEMË	LOPATË
STOL	LËNDINË
BUSH	VERANDË
GARDH	GRABUJË
PELLG	TOKËS
LULE	TARRACË
GARAZH	TRAMPOLINË
HAMAK	ÇORAPE
BARI	PEMISHTE
KOPSHT	HARDHISË

64 - Santé et Bien Être #1

```
T R A J T I M I V I R U S I
B M G X E F A R M A C I T I
L R Y Q R O T K O D A Z C F
R E F L E K S Ë R U K Ë L M
Z B T G T D L Ë N D I M I O
M A T D K B M G O C N D N L
U I K A A P E U M H I P W A
S P M O B V O S K Y L C Q R
K A Y J N M P S G I K E T T
U R P O E A X B T U R I A Ë
J E G O K K G T R U R E K S
T T J I B V Ë F J I R C C I
A K T I V B C S D F M A O A
H O R M O N E T I U U Y K O
```

AKTIV	MUSKUJT
BAKTERET	KOCKAT
LËNDIM	LËKURËS
KLINIKA	FARMACI
URIA	POSTURA
ZAKON	REFLEKS
LARTËSIA	TERAPIA
HORMONET	TRAJTIMI
DOKTOR	VIRUSI
MJEKËSI	

65 - Barbecues

```
N M N I D C X D D G G F M X
C K V X E H X R P A K I H T
C D M O E A T E M I R E P W
N V E R Ë H D K L W V K B V
D O M A T E T Ë L U P V A V
K R I P Ë K C Ë C L A S R X
P S E Y T S A L L A T A Ë L
U A J F Ë M I J Ë P E Q J T
B R L R E S Q J O V C Z O F
Z E I F R U T A I U E V L Z
I P M A K I Z U M M Q E Y K
O I A F W E Q V N M Q D N M
L P F I S I M I N W Y U Q U
C M S T K F B T X E X X R S
```

NXEHTË   LOJËRA
THIKA   PERIMET
DREKË   MUZIKA
DARKA   QEPË
FËMIJË   PIPER
VERË   PULË
URIA   SALLATA
FAMILJE   SALCË
FRUTA   KRIPË
VUAJ   DOMATE

66 - Animaux de Compagnie

```
O Z D W W V H Z F K T Q A M
N W M I Q H S U N G M H O K
B R E S H K Ë C U H D R A H
M E C Ë J S U F Q U C R W S
N N A T M I U J E Q J R C E
U I M J S I T N N R Y I C P
N R C E K D U G E L E T O K
N E R R T H R Q G Q G Q M Y
Q T R B H I B I S H T M Q L
D E T J E M K U H V H G J E
C V T O T A R T U P L F Y P
Y Z P L R P J B N P P L K U
H C L L A G A P A P B F A R
A J N F T J A K Ë P O L W I
```

MACE	HARDHUCË
KOTELE	USHQIM
DHI	PUTRAT
QEN	PAPAGALL
QENUSH	PESHK
JAKË	BISHT
UJI	MIU
KTHETRAT	BRESHKË
LLOJ BREJTËSI	LOPË
LEPURI	VETERINER

67 - Forêt Tropicale

```
R E S T A U R I M I U Ë V M
L Z D I V E R S I T E T I Y
I J O F A L Ë R E L V E M S
E N I G P V P A S Y S R T H
L Q S J J S T R E H Ë V B K
X N B E B T K E P S E R L F
R L T J K L Ë A M F I B Ë T
K U Q M I T G J I T A R Ë T
L Z A D N N E J G I D U A D
I C D J A C U T N A T Y R A
M I W Q T E J O L L B B L X
A E D D O J X H U N G Ë L C
E X G D B Q A E D B Z F J K
K O M U N I T E T I H O Y F
```

AMFIBËT
BOTANIK
KLIMA
KOMUNITETI
DIVERSITETI
LLOJET
AUDIGJEN
INSEKTET
XHUNGËL
GJITARËT

MYSHK
NATYRA
RETË
ZOGJTË
ME VLERË
RUAJTJA
STREHË
RESPEKT
RESTAURIMI

68 - Insectes

```
F T W H E L S R J T T M P P
L B S I T N A M L L O I L I
U C I C A D A R J S B L E L
T G U B Y D A L V Q R I S I
U L B C V O M A R A Ë N H V
R K A R K A L E C I Z G T E
U H C A P H I D U L I O D S
A Z A P O Y Ë W S L M N W Ë
I D K C C J Z S B U N Ë M W
M U S H K O N J Ë B G N A T
K A R K A L E C C M B N J A
V S X T I M R E T U P T S Y
B L E T Ë H G B H R J H D M
K R I M B I H L K B Q S P U
```

BLETË
KACABU
CICADA
LADYBUG
KARKALECI
MILINGONË
BRËZI
GRENZË
LARVA
PILIVESË

MANTIS
GNAT
MUSHKONJË
FLUTUR
PLESHT
APHID
KARKALEC
BRUMBULLI
TERMIT
KRIMBI

69 - Ferme #1

```
T O B U G A O V E N W G T Y
T R U U X U M V C T B G M D
Ç I V O J R J F I A P P H L
D Z F S W Q O C B P L N U M
L U J I P K Ë Ë R R O S D M
F C W Z O U Z S S G P V Z Z
M E E W K N O Z I B Ë L U P
X J C N H Y A V P A P S A E
K S A H S F K L S L T V H
A C M L Ë G A R D H E D H I
L Y M G T N I B T P H P W H
Ë Z R Q E Ë N A S R A M O G
K N J R L E E U V X K R Q K
C M K O B C Q W M A Y L P U
```

BLETË	SORRË
BUJQËSIA	UJI
GOMAR	PLEH
BIZON	SANË
FUSHA	MJALTË
MACE	PULË
KALË	ORIZ
DHI	KOPE
QEN	LOPË
GARDH	VIÇ

70 - Antarctique

```
G E V E Q I B S M Z J V H M
S J V W Z C I S I D E J M I
I T E E N Ë T J G O Z B U N
E J U O K R U K R B A G B E
H A I D G S G K I T M N A R
L U C V I R P N M N A M L A
D R N D K U A E I E G V E L
W L M V O I E F D N P E N E
R L U G R G X S I I B R A T
I U S I I S H U J T T L T W
G K P I N B R S G N F Ë X I
G A D I S H U L L O T A G G
K S T E R O C N E K H S H D
T E M P E R A T U R A U J I
```

GJI
BALENAT
STUDIUES
RUAJTJE
KONTINENT
UJI
MJEDIS
EKSPEDITË
GJEOGRAFI

AKULL
ISHUJT
MIGRIMI
MINERALET
ZOGJTË
GADISHULL
ROKI
SHKENCORE
TEMPERATURA

71 - Professions #2

```
G W K S H P I K Ë S I P B S
O J E I V I T E T E D I I T
L I U K R O T K I P W L B U
O N B H O U C R U J Z O L D
I X X U Ë P R H E F O T I I
B H D I J T S G N Y O J O U
S I E D I U A H Q L L H T E
E N N X M A P R T M O A E S
D I T M Ë N X A S A G Y K C
L E I J S O V Z S A R D A E
Z R S E U R A T E Z A G R S
I R T K E T F O T O G R A F
M O I L S S E U R T S U L I
P F F M G A F I L O Z O F A
```

ASTRONAUT
BIBLIOTEKAR
BIOLOG
STUDIUES
KIRURG
DENTISTI
DETETIVI
MËSUES
ILUSTRUES
INXHINIER

SHPIKËSI
KOPSHTAR
GAZETAR
GJUHËTAR
MJEK
PIKTOR
FILOZOF
FOTOGRAF
PILOT
ZOOLOG

72 - Les Abeilles

```
R D M Z F S L W V D E T G Y
R X Z U S H Q I M I L L Y D
T M B I M Ë T Z Z V U T P M
T Q Ë G C U A U N E L O P X
K R A H Ë Z R M E R Z E V A
E I Q N S C B Y F S B G Ç S
R X D O X I G D U I L S C M
E P E K S L B I Ë T L A J M
H A B I T A T O M E E J F M
S I P Z A G F A D T I R R S
O E H G R U B H I I D T U E
K M B R E T Ë R E S H A T R
I N S E K T K O P S H T A J
E K O S I S T E M I F J L Y
```

KRAHË	HABITAT
I DOBISHËM	INSEKT
DYLLI	KOPSHT
DIVERSITETI	MJALTË
MUZI	USHQIM
EKOSISTEMI	BIMËT
ÇEL	POLEN
LULE	MBRETËRESHA
FRUTA	KOSHERE
TYM	DIELL

73 - Santé et Bien Être #2

```
Z E D S E A J U Q G P S I T
A N E O P K I N A R E P T Ë
N E H R I I P U R T S T B U
A R I E N T T Q C Z H Z G S
T G D K F E Z A O T A Y A H
O J R S E N E Y L D I M D Q
M I A I K E J D N U M Ë S Y
I P T S S J V E B H R S S E
A K I E I G D K M N M Q P R
Z A M R O M M A S A Z H V I
Y L X T N A K J G H W H S T
D O G S I V J G P W K V I I
B R M M W H I G J I E N A G
M I R Ë H S A L E R G J I A
```

ALERGJIA
ANATOMIA
OREKSI
KALORI
TRUPI
DEHIDRATIM
ENERGJI
GJENETIKA
SPITAL

HIGJIENA
INFEKSIONI
SËMUNDJE
MASAZH
TË USHQYERIT
PESHA
SHËRIM
GJAK
STRESI

74 - Conduite

```
I  T  Y  H  Z  A  R  A  G  L  U  K  L  F
X  R  Y  O  D  A  P  O  P  Z  W  J  I  W
Z  A  G  T  N  E  D  I  S  K  A  X  Ç  T
W  F  D  D  D  F  M  W  N  Ë  A  F  E  U
N  I  S  Ë  T  J  E  P  H  S  B  I  N  N
Y  K  Z  F  R  E  N  A  T  A  V  M  S  E
S  U  B  O  T  U  A  G  G  I  R  J  Ë  L
K  A  R  B  U  R  A  N  T  C  I  T  I  K
M  W  M  C  A  I  R  U  G  I  S  G  Ë  R
H  O  C  N  B  J  A  M  V  L  T  Q  B  R
A  G  T  N  V  M  U  F  F  O  A  H  Z  E
C  S  I  O  R  R  U  G  Ë  P  C  T  P  Z
L  D  I  T  R  O  P  S  N  A  R  T  X  I
K  A  M  I  O  N  M  A  K  I  N  A  U  K
```

AKSIDENT	MOTOR
AUTOBUS	KËMBËSOR
KAMION	POLICIA
KARBURANT	RRUGË
HARTË	SIGURIA
RREZIK	TRAFIKU
FRENAT	TRANSPORTI
GARAZH	TUNEL
GAZ	SHPEJTËSI
LIÇENSË	MAKINA

75 - Plantes

```
G B R T D R B Ë M E P E T I
V R U Y C R I Q F F E K J H
E R A S K I M P A H T E J G
F X X D H T Ë H S T A I Z H
K L N E S U S R U C L N Y N
O L O G Y Q I W L P N I V Y
P Y L R M B A S E H R H R S
S P K V A H O U A D L D R E
H E L P L Q I T O U U E Ë M
T B A R I H O K A L L J N F
B A M B U T O A S N E R J D
M R A L R U M K H Y I R Ë I
Z U N E F Q L T J Q D K X N
P V K F F R L M Y K O P Ë O
```

PEMË	RRITU
BAMBU	FASULE
BOTANIKË	BARI
BUSH	KOPSHT
KAKTUS	IVY
PLEH	MYSHK
GJETH	PETAL
LULE	RRËNJË
FLORA	RRJEDHIN
PYLL	BIMËSIA

76 - Ferme #2

```
Q L I V A D H R U K E J P U
U F F S M A L O M C V S G J
M N W X A E U S I K Z P N I
Ë E X J L E O A S D E L E T
S T Z U L E O R R T W P T J
H K A F S H Ë T I A L O F E
T N W Z Q E N G J K B L E J
F R U T A M G R U R I M V L
B R N P A I U S H Q I M A L
A S L H T R F E R M E R A H
R H Y L T E P E M I S H T E
I Z L X F P L T P N J J J K
U T R A K T O R N I N D V T
Z U E F E U J K Y L B P L H
```

QENGJ
FERMER
KAFSHËT
BARIU
GRURI
ROSA
FRUTA
HAMBAR
UJITJE
QUMËSHT

LLAMA
PERIME
MISRI
DELE
PJEKUR
USHQIM
ELB
LIVADH
TRAKTOR
PEMISHTE

77 - Vacances #2

```
T P B B S C M Z F S R J A P
R L Ç R E Z E R V I M E T A
A A T A U T Y X V L T F K S
N Z N Z D V R I V D F W O A
S H A I R Ë N E E G L G H P
P G R V K T R V N N P A A O
O F O T O G R A F I T Ë E R
R K T H T I R F F P L U L T
T E S O A H D E H M I D I Ë
I D E T K U Q U A A S H R Y
D N R E S A A G R K H Ë Ë A
E E G L I J M B T K U T T S
Z Y T M E V T O Ë C L I L H
F T A E R O P O R T L M T N
```

AEROPORT
KAMPING
HARTË
I HUAJ
HOTEL
ISHULL
KOHA E LIRË
DET
PASAPORTË
FOTOGRAFITË

PLAZH
RESTORANT
REZERVIMET
TAKSI
ÇADËR
TREN
TRANSPORTI
VIZA
UDHËTIM

78 - Éthique

```
U A E A I R Ë M H S R E D N
R L U A M I R Ë S I E F D R
T T E B R H N E M Q A I I D
Ë R J L H S T U U T L L P A
S U V X G Q Y F O C I O L S
I I M I Z Ë R E J N Z Z O H
S Z D U R I M H S V M O M A
Z M V L E R A T E H I F A M
B I D I N J I T E T M I T I
I N T E G R I T E T I E I R
B A S H K Ë P U N I M I K Ë
O P T I M I Z Ë M A U E E S
R A C I O N A L I T E T I I
D H E M B S H U R I Q F G O
```

ALTRUIZMI
DASHAMIRËS
DHEMBSHURI
BASHKËPUNIMI
DINJITET
DIPLOMATIKE
MIRËSI
NDERSHMËRIA
NJERËZIMI

INTEGRITETI
OPTIMIZËM
DURIM
FILOZOFI
E ARSYESHME
RACIONALITETI
REALIZMI
URTËSI
VLERAT

79 - Temps

```
T D O Y V J O V I T I E M I
S E I T J E P H S Ë S A T B
P K U X E V Z T A V E R W Z
B A T Ë T U N I M P J D U W
O D T D O U Z K I U G H F F
S E A J R V G V L O N M T I
S U N E J A U M L P Ë J N G
G X I K L V D A U A M A L P
C G J E R A J N K R W T G A
E U A L O J Z Q E A T I L S
I O X N Z Y K R H L X D L F
Y C Y T U W T N S T A K L T
L G X R N A T Ë R O Q K I A
K D C M M C Y M E S D I T Ë
```

VITI
VJETOR
PAS
SOT
PARA
SË SHPEJTI
KALENDAR
DEKADE
E ARDHMJA
ORË

DJE
DITA
TANI
MËNGJES
MESDITË
MINUTË
MUAJ
NATË
JAVA
SHEKULLI

80 - Maison

```
L J R M Y J B W V P Y D O F
Y I H Y E D R E P H J W C S
K V B S R E L L A M B Ë C H
F O F R I R U M Q I L I M E
Ç I P C A A D H O M Ë T P S
E Z J S A R V Z D F N A A Ë
L Z Z C H I I A U R N Ç P R
Ë L E R A T I R D D A N A Y
S H Y H W I H A X E V G F Q
A N I H Z U K G F Z A A I S
T G G S M Z A L I L T F N A
K U O U B O H Y S T R J G P
S P R D G E X B K I X W O S
I P C S V G O C M W R W V X
```

FSHESË	PAPAFINGO
LIBRARI	KOPSHT
DHOMË	LLAMBË
OXHAK	PASQYRË
ÇELËSAT	MUR
GARDH	TAVAN
KUZHINA	DERA
DUSH	PERDE
DRITARE	QILIM
GARAZH	ÇATI

81 - Légumes

```
B J N X S P I N A Q Q M L Z
I P K H K L R D F R S E X C
Z A N E A U I R W O V E P I
E T Z N R J L H U D H Ë R Ë
L Ë R X R I L O K O R B R H
E L R H O R U D O M A T E L
H L E E T K M A J D A N O Z
F X P F A O Ë N E G H L N S
T H Ë I G M T R K Y Y X I H
D A M L F I A Y P Z S A L A
P N B H V G L E O U D C E L
K U N G U L L A S C D K S L
R R E P K Ë A T I N Q H N O
C E V A R T S A K X O T A T
```

HUDHËR	XHENXHEFIL
PATËLLXHAN	RREPË
BROKOLI	QEPË
KARROTA	ULLIRI
SELINO	MAJDANOZ
KËRPUDHA	BIZELE
KUNGULL	RREPKË
KASTRAVEC	SALLATË
SHALLOT	DOMATE
SPINAQ	

82 - Famille

```
V F S J V X U S K E F L P Y
A V F G O H M V Z H O A N K
J K T H E A L L Ë V H G E E
Z S A Q C X G J Y S H I R J
Ë N N R G H E L F R Ë T O M
A H H M B A J A U R G N R N
B W I Ë J I M Ë F Q O K Ë U
M P A R A A R D H Ë S O T N
N I P I B U R R I I H C A H
K U S H Ë R I M B E S Ë D A
H Q N B F Ë M I J Ë R I A L
U Y F X A J H S Y J G J P L
C U I G T B P P R R B F Y Ë
F G T V G G A E R N Ë N A U
```

PARAARDHËS	NËNËS
KUSHËRI	NËNA
FËMIJËRIA	NIPI
FËMIJË	MBESË
GRUAJA	XHAXHAI
VAJZË	ATËRORE
VËLLA	BABA
GJYSHJA	MOTËR
GJYSHI	HALLË
BURRI	

83 - Oiseaux

```
L V A A Z H P J A A G W K A
B E Q Y Q E A V E Z Ë Y A R
F V J Z G R P Q O K N U P H
E L N L K O A U U M C V U A
A P A Ë E N G M F D T V L R
Q Ë C M G K A Ë T A P B Ë A
S L U L I Y L T U U S R B B
T L O L C N L Q P L C O A E
R U T E J C G B U L L K R L
U M F J U G O O L A V E D I
C B O M D P X Q Ë P W P H X
I Q X K X T K Y M F I R Ë P
Y I C X S S H Q I P O N J A
P E L I K A N P I N G U I N
```

SHQIPONJA	PINGUIN
STRUCI	HARABELI
ROSA	PULËBARDHË
LEJLEK	VEZË
PËLLUMB	PATË
KORB	PALLUA
QYQE	PAPAGALL
MJELLMË	PELIKAN
FLAMINGO	PULË
HERON	TOUCAN

84 - Disciplines Scientifiques

```
M  I  N  E  R  A  L  O  G  J  I  A  Y  M
L  O  A  A  Y  I  V  A  J  I  S  G  K  S
R  A  I  I  Z  M  Y  I  Y  J  B  O  E  J
B  K  J  J  A  I  L  A  B  G  M  A  K  M
D  I  G  G  C  K  J  A  F  O  K  I  Ë  A
I  N  O  O  G  T  E  E  N  L  D  O  K  M
I  A  L  L  I  J  G  O  L  O  I  Z  I  F
G  K  O  O  O  X  U  T  R  I  M  I  N  P
R  E  K  E  V  G  E  H  B  C  I  F  A  Z
F  M  E  J  J  I  J  C  Ë  O  K  R  T  F
R  G  S  G  U  R  F  I  I  S  O  F  O  F
N  E  U  R  O  L  O  G  J  I  I  Q  B  A
A  S  T  R  O  N  O  M  I  N  B  E  B  X
M  E  T  E  O  R  O  L  O  G  J  I  F  Y
```

ASTRONOMI	GJUHËSI
BIOKIMI	MEKANIKA
BIOLOGJI	METEOROLOGJI
BOTANIKË	MINERALOGJIA
KIMIA	NEUROLOGJI
EKOLOGJIA	FIZIOLOGJI
GJEOLOGJIA	SOCIOLOGJI

85 - Univers

```
A S T R O N O M O L J O L B
G J E R Ë S I B N R O B K H
E D U K S H M E K S B W V E
A S T E R O I D I C O I P J
E K U A T O R I Ë I Y P T L
W R E I M O N O R T S A Ë A
O Y R K M H E M I S F E R A
T L O Q D G K O S L J Z E I
G A L A K T I K Ë O C H F S
Q W L E C Y M L R S V O S Ë
A Q E I I L Z V R M T Q O T
U H I E I Q O J E T E C M A
M G D X P O K S E L E T T J
H O R I Z O N T H Ë N A A G
```

ASTEROIDI
ASTRONOM
ASTRONOMI
ATMOSFERË
QIELL
KOZMIKE
EKUATOR
GALAKTIKË
HEMISFERA
HORIZONT

GJERËSI
GJATËSIA
HËNA
ERRËSIRË
ORBITA
DIELLORE
SOLSTIC
TELESKOP
E DUKSHME

86 - Géographie

```
Y  G  T  E  M  H  A  R  T  Ë  N  T  G  A
F  S  E  E  I  D  N  E  V  T  M  C  W  R
K  L  R  Z  D  L  R  O  F  J  Y  W  A  E
R  B  R  I  N  W  G  U  J  N  I  L  N  F
A  O  I  S  Ë  T  R  A  L  A  T  L  A  S
Y  H  T  J  R  V  D  O  Z  E  R  A  I  I
J  E  O  T  E  T  Y  Q  B  M  D  M  M
Y  J  R  P  P  U  E  R  F  O  O  J  I  E
U  P  I  M  U  L  T  B  I  G  N  N  R  H
G  J  E  R  Ë  S  I  O  V  B  Y  N  E  E
I  S  H  U  L  L  I  T  M  M  L  Z  M  N
N  N  M  Y  W  B  M  Ë  J  D  W  P  F  U
K  O  N  T  I  N  E  N  T  J  G  N  R  D
U  S  S  M  N  O  F  S  G  W  W  O  J  V
```

LARTËSI	BOTË
ATLAS	MAL
HARTË	VERI
KONTINENT	OQEAN
LUMI	PERËNDIM
HEMISFERA	VENDI
ISHULL	RAJON
GJERËSI	JUG
DET	TERRITORI
MERIDIAN	QYTET

87 - Bâtiments

```
S H K O L L A T G H H J O J
L Z A H A D A S A B M A B Q
T E T E K R A M R E P U S Y
F Z X I M U I D A T S U E A
I R T A E T L C Z K Q G R K
R N D N R F R B H H G N V I
U N I V E R S I T E T I A N
L K V V M M M B B L Y W T E
A U R X X U A N I B A K O M
T L E T O H Z T B S Y L R A
Y L A T I P S E R V X F I U
R Ë D A Ç E V N R A B M A H
L A B O R A T O R B P K F H
F K Ë S H T J E L L A A D F
```

AMBASADA
APARTAMENT
KABINA
KËSHTJELLA
KINEMA
SHKOLLA
GARAZH
HAMBAR
SPITAL
HOTEL

LABORATOR
MUZE
OBSERVATORI
STADIUMI
SUPERMARKET
ÇADËR
TEATRI
KULLË
UNIVERSITETI

88 - Activités et Loisirs

```
B K Z H Y T J E G N U O K D
V O L E J B O L L A F R O T
Z B U T Ë S F A Z H R T P E
P A I V N Z U C L O Ë A S N
B I S H R V T G L B S N H I
E P K V N K B N O I L O T S
J E O T K K O I B L T T A U
S S B R U S L P T X F E R D
B H S A B R L M E E R Q I H
O K A N V G A A K H B C K Ë
L I C G M J J K S O G K Y T
L M M K O F D L A P J L P I
I I J X Y E X U B F N V X M
H I K I N G E B N E P T I I
```

ART	HOBI
BEJSBOLLI	PIKTURA
BASKETBOLL	PESHKIMI
BOKS	ZHYTJE
KAMPING	HIKING
GARA	ZBUTËS
FUTBOLL	SËRF
GOLF	TENIS
KOPSHTARI	VOLEJBOLL
NOT	UDHËTIMI

89 - Livres

```
C N A R R A T O R H S L D L
A J H D E L B M J I E E U E
H V A I L Y D B Z S J X A T
H A E J T V I F K T U U L R
N D J N A M O R R O U E I A
T S K E T N O K I R P S T R
F A Q E K U F D J I O E E E
E P I K Ë T R M U K E C T I
S M R J F O N Ë E E M R R H
H E P K P D O A S N Ë H O E
U S R O L R E L E V A N T E
M L U I E K I J G A R T U R
O S O U A Z L L M P N D A H
R C G Q V G I R O T S I H C
```

AUTOR	LEXUES
AVENTURË	LETRARE
MBLEDHJA	NARRATOR
KONTEKST	FAQE
DUALITET	RELEVANTE
EPIKË	POEMË
HISTORI	POEZI
HISTORIKE	ROMAN
HUMOR	SERI
KRIJUES	TRAGJIKE

90 - Pays #2

```
D J A P O N I T W U R X B I
P A D K J G R Y U X U R H J
U K N A T S I K A P S U X S
X E A I I V S B V D I U W R
X N L N M I N D O N E Z I I
D I R A U A I R Ë P I Q H S
K A I B D G R M E K S I K Ë
E I X I V L A K J A M A H X
G E N L Q L A N Ë C N A R F
K M N Ë A E J D X P K H D
G J U O C O X B H Ë A R A P
H B M K B S H O Q V N Z I G
L S U D A N S O M A L I T U
U K R A I N Ë Y D L C V I Y
```

SHQIPËRIA   LAOS
KINË   LIBANI
DANIMARKË   MEKSIKË
FRANCË   UGANDË
HAITI   PAKISTAN
INDONEZI   RUSI
IRLANDA   SOMALI
XHAMAJKA   SUDAN
JAPONI   SIRI
KENIA   UKRAINË

91 - Fournitures d'Art

```
P A S T E L E W E H F A F N
K T Y I T Y R U M L T I U E
G S E M Y H M J A V A Z R U
D Q T Z W Ë L I J G R A C N
L A P S A M P B M W Y T A B
A P U X K O B H W I J N B O
F K U W Z G A O Z M G A P J
O E R N G J I T Ë S N F Q Ë
A F Z I F N K A M E R A E R
S I C E L A B M Ë K S D R A
E O Z C X I R N J J I H Ë U
E G I R R A K P O X U D T J
T A B E L A Z A B B C K E I
Q Y M Y R D R U R I B Z L T
```

AKRILIK	LAPSA
BOJËRA UJI	FANTAZIA
ARGJILË	UJI
FURCA	BOJË
KAMERA	GOMË
KARRIGE	VAJ
QYMYR DRURI	IDE
KËMBALEC	LETËR
NGJITËS	PASTELE
NGJYRAT	TABELA

92 - Eau

```
P Ë R M B Y T J E K T S L B
D U S H H M S T U A Q H A T
G E Y Z E R M T B N X I G D
K Y Q A J M U U S A Q A Ë Z
E J W V T Ë L J S L Q B S E
J M C U I H U T S O Q O H N
Z L M L J S N Z O F N X T C
V U N L U J I E F Y S P I N
F M A I M I L L U V A T B E
X I E C Y P L I L U M Ë E O
U Y Q U A D U E Q R B L C G
V U O Q I R K G T E F A P U
P Z B N Y L A N C N N V L T
E B B O R Ë R P O O S I C Y
```

KANAL	UJITJE
DUSH	LIQENI
AVULLIMI	MUSON
LUMI	BORË
LUMË	OQEAN
ACAR	STUHI
GEYZER	SHI
AKULL	PIJSHËM
LAGËSHTI	VALËT
PËRMBYTJE	AVULL

93 - Jazz

```
T S F C A A R T I S T I O I
E Y H Z L A C T W H N V R M
W Q M Q B C B V R M E J K P
Ë T Ë T U J H L W U L E E R
K K H F M O H F A Z A T S O
I O S E S T I L I I T Ë T V
N L M N K T I M N K D R Ë I
K A A P U S R Ë N A H Z R Z
E D F W O Y I R E T A B D I
T S I V B Z K Ë N G Ë X L M
S J O X Z A I K O N C E R T
B U U L R W E T R I T Ë M W
V V C B O M C H O J Z U T S
P Ë R B Ë R J A C R V N Z E
```

THEKSI	MUZIKA
ALBUM	I RI
ARTIST	ORKESTËR
I FAMSHËM	RITËM
KËNGË	SOLO
KOMPOZITOR	STILI
PËRBËRJA	TALENT
KONCERT	BATERI
ZHANËR	TEKNIKË
IMPROVIZIM	I VJETËR

94 - Paysages

```
P O Ë D T I N E Q I L G K A
F L R L P S M M A L D E O K
B A A Ë N H Z U V D A J D U
L Ç V Z B U O V L Z J Z Ë L
G O Ë A H L V K L R H E R L
V M J O B L U A U T D R Ë N
F S U U R R L J H O R T D A
L O H T U Y L S S H E E N J
U A P P T A K B I X D G U Ë
G A H O E Y A E D Z Ë T T R
I B T D D L N R A K K Q G Y
N I F U G K L G G K Y B V F
Ë J G Ë R I T Ë T E R K H S
R Y C O O Y Z H J Q G H E E
```

UJËVARË	LIQENI
KODËR	MOÇAL
SHKRETËTIRË	DET
GRYKËDERDHJA	MAL
LUMI	OAZË
GEJZER	GADISHULL
AKULLNAJË	PLAZH
SHPELLË	TUNDËR
AJSBERG	LUGINË
ISHULL	VULLKAN

95 - Pays #1

```
B J F A Z C B V K W Z K R G
T N M E N I P I L I F A U J
Q L R B H K B V D B K N M E
A U G A R A K I N L J A A R
N O L B R A Z I L U T D N M
I Z R A E L I T I Y A A I A
T N I J G E V R O N M L E N
N Z O T J D F K O R A M Y I
E S A L O B X Y I D N I L P
J U O O O M P O S P A N J Ë
G L A D J P L X P N P U R C
R F I N L A N D A B H S K T
A A F G A N I S T A N I F E
M A L I V E N E Z U E L Ë P
```

AFGANISTANI	LIBI
GJERMANI	MALI
ARGJENTINA	MAROK
BRAZIL	NIKARAGUA
KANADA	NORVEGJI
SPANJË	PANAMA
EKUADOR	FILIPINE
FINLANDA	POLONI
INDI	RUMANI
IZRAELIT	VENEZUELË

96 - Psychologie

```
H T F F L Y V K F F Y C E H
E E J L L E J S L G X L V I
J T K I L F N O K I P J R M
I I S E J D N O H N N D U I
D L R E A L I T E T L I B T
Ë A S E M I D N E M U P K P
T N H D G L E I M I R Ë M E
E O D I K O A A M P P R P C
V S G R T E R A P I A V R R
A R A I R Ë J I M Ë F O O E
P E W X A A X P A U R J B P
I P F Q K Z T T U Y P A L P
N Ë N V E T Ë D I J A T E Y
E M O C I O N E T K A A M H
```

KLINIKE	PERCEPTIMI
SJELLJE	PERSONALITET
KONFLIKT	PROBLEM
EGO	EMËRIMI
FËMIJËRIA	REALITET
PËRVOJAT	ËNDRRAT
EMOCIONET	NDJESI
IDE	NËNVETËDIJA
PAVETËDIJE	TERAPIA
MENDIME	

97 - Nature

```
A E G I Q L A K I P O R T A
K R S E O Z L I A E Z L V J
U O L G Z R I T P F M J R R
L Z E Ë S V D K M H S A Q O
L I K R E D R R Q V M H R R
N O I M U L S A V E O M Ë Ë
A N M J E G U L L D T A G T
J I A K R I F L S E J Ë J J
Ë X N U O E B Y E T I Y E N
D R I I S I U P X Ë R C T E
R T D D Ë L E M U T U E H H
E F N M Q U C N D E K Y H S
T Z M H A P D W V L U Z Y Ë
Ë D S W P C H F T B B N D Q
```

BLETËT	LUMI
STREHË	PYLL
KAFSHËT	AKULLNAJË
ARKTIK	RETË
BUKURI	PAQËSORE
MJEGULL	SHENJTËRORJA
DINAMIKE	I EGËR
EROZIONI	QETË
GJETH	TROPIKAL

98 - Chimie

```
A L K A L I N E V C K B O M
J R O L E I O W J K O Ë K E
O R T U H J J H Q I M R S T
E B V K Y B K L A R F T I A
Q L N E J G O R D I H H G L
O Q X L O I M P I K C A J E
G E I O U G Z E C P P M E T
Y A X M H G U S A G Ë O N J
F I Z C T B X H H I V R U E
A T O M I K E A M S A E M O
N O R T K E L E N Z I M Ë Z
K L O R I Z R Ë S Z Y T L Z
U O C U R K K K N O B R A K
N X E H T Ë S I A G B Y P B
```

ACID	HIDROGJEN
ALKALINE	JON
ATOMIKE	LËNG
KARBON	METALET
NXEHTËSIA	MOLEKULA
KLORI	BËRTHAMORE
ENZIMË	OKSIGJEN
ELEKTRON	PESHA
GAZ	KRIPË

99 - Bateaux

```
T R P T Y F I E F G K L U V
D E T H A J D R J C A I T A
X R T C F Y M Z O V J T C R
V O Z Ë M B I U J Ë A A Q K
W T Ë C I T A B E R K R A Ë
E O F N N V E O E A E G M M
Z M W A E D K Q F F R Y T E
Y U L R Q W U E V T I L E V
D R K I I O I A O A D I G E
E E M P L N P N I N L D A L
D W T S J Y A C N I A Ë R A
A U V A W O Z E P J H K T X
P V B A R S H M A R I N A R
L U M I C E I J J L G N K D
```

SPIRANCË	MARINAR
VOZË MBI UJË	DIREK
KANOE	DET
LITAR	MOTOR
EKUIPAZHI	DETARE
TRAGET	OQEAN
LUMI	RAFT
KAJAK	VALËT
LIQENI	VARKË ME VELA
BATICË	JAHT

100 - Mesures

```
K R I S L T M Y H F Q G V D
I D B G I S H A L Q P R Ë H
L Q L K T M V E S N O A L J
O T N O Ë I M Q L A I D L E
M L C D R B A A P L W Ë I T
E B I M K C R I E I Ë M M O
T K L Q S X G S S Y O S I R
Ë G R A M V O Ë H Ë E U I E
R E N W Z Q L R A T T S S D
M A T Ë S D I E W U I R F T
X T O N H W K J Ç N I B A Y
A I S Ë T A J G L I Q A P L
G G P P W F F L S M F J Z M
C E N T I M E T Ë R Y T D F
```

CENTIMETËR	MASA
GRADË	MATËS
DHJETORE	MINUTË
GRAM	BAJT
LARTËSIA	ONS
KILOGRAM	PESHA
KILOMETËR	INÇ
GJERËSIA	THELLËSI
LITËR	TON
GJATËSIA	VËLLIMI

1 - Adjectifs #2

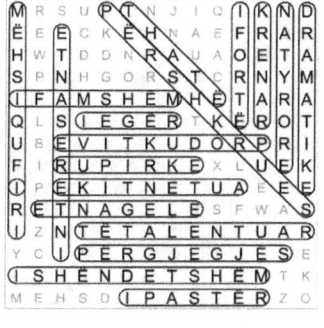

2 - Formes

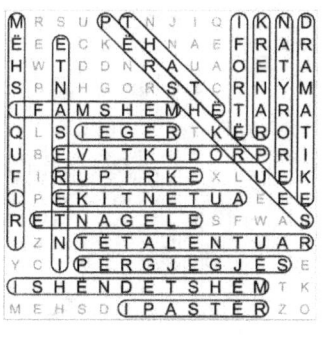

3 - Force et Gravité

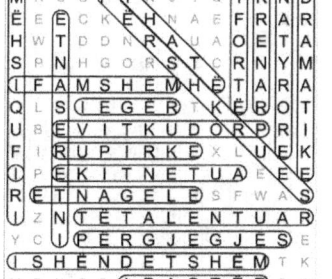

4 - Adjectifs #1

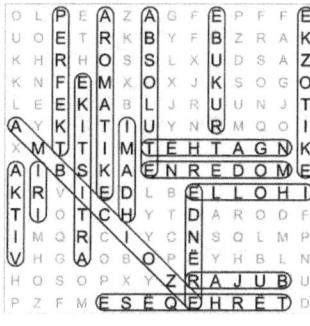

5 - Instruments de Musique

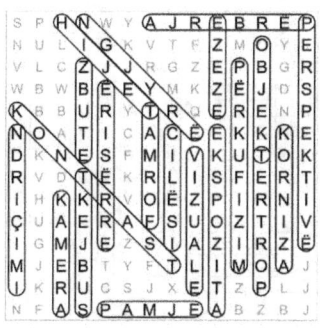

6 - Herboristerie

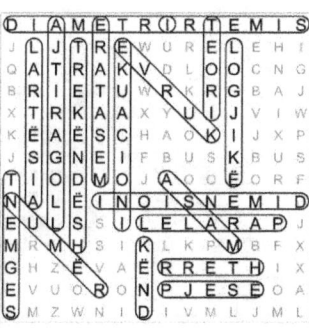

7 - Photographie

8 - Véhicules

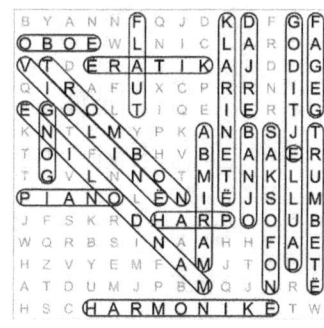

9 - Camping

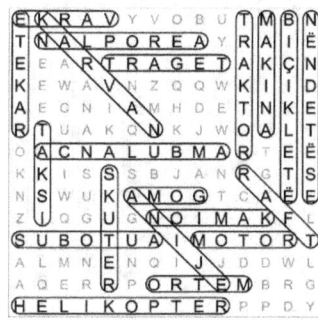

10 - Géométrie

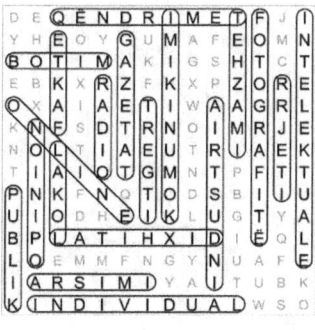

11 - Les Médias

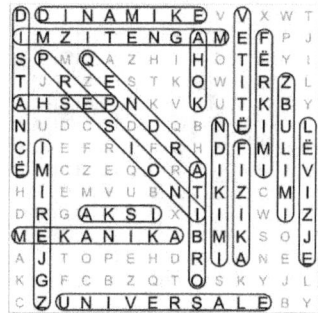

12 - Philanthropie

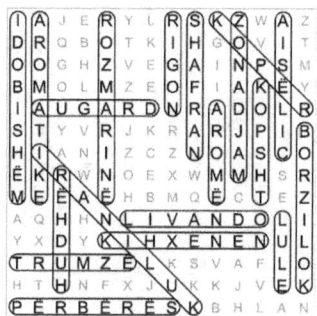

13 - Diplomatie

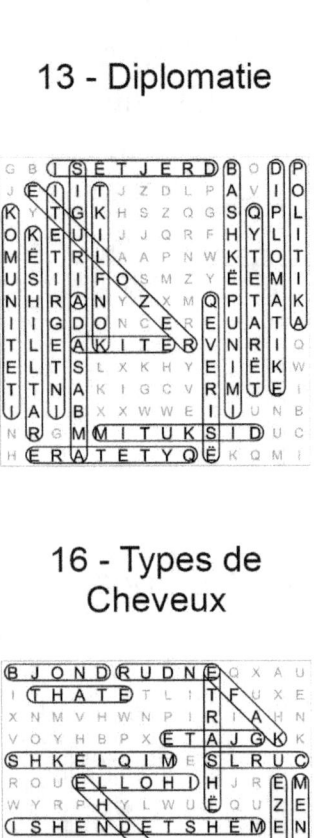

14 - Astronomie

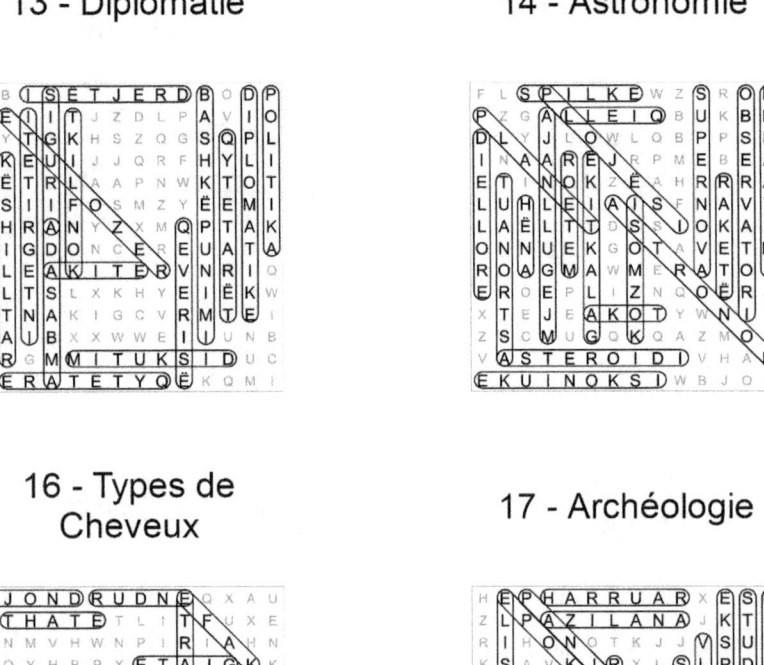

15 - Physique

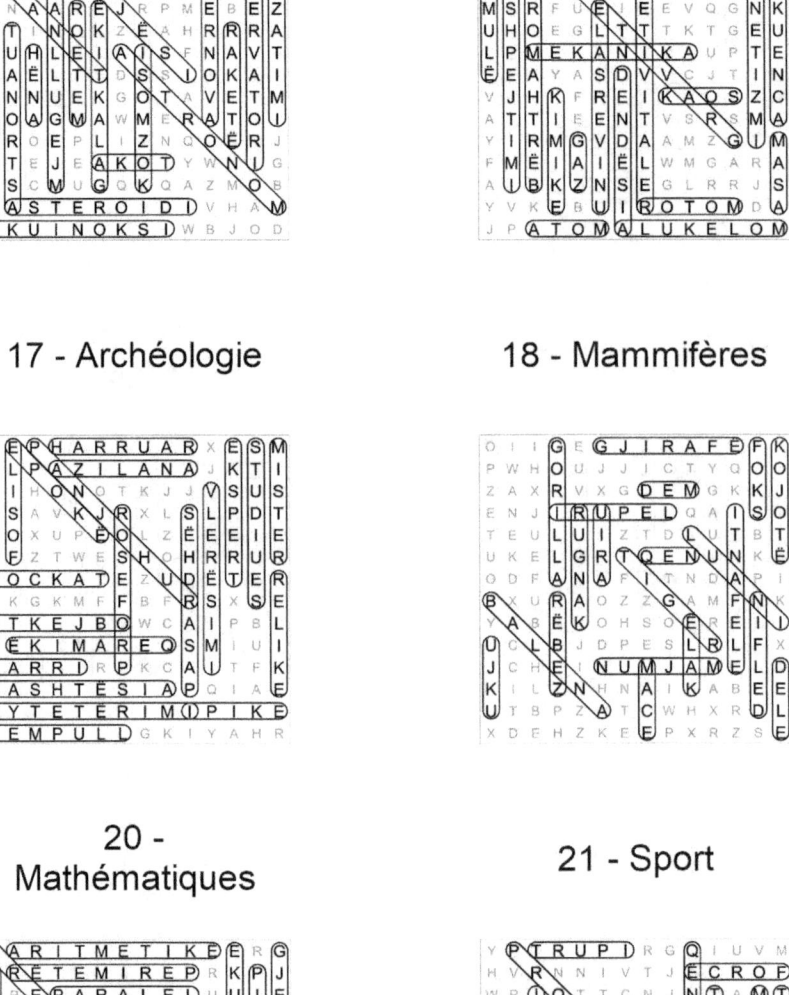

16 - Types de Cheveux

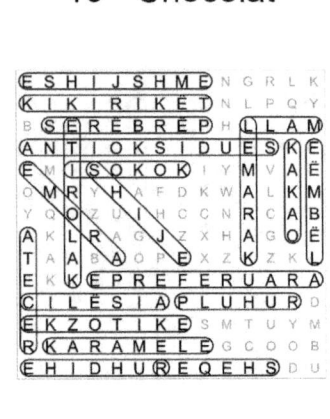

17 - Archéologie

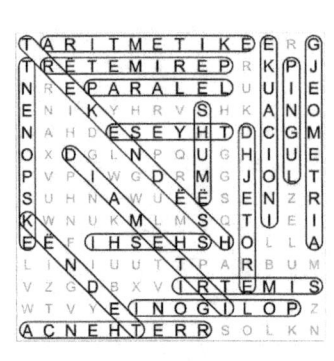

18 - Mammifères

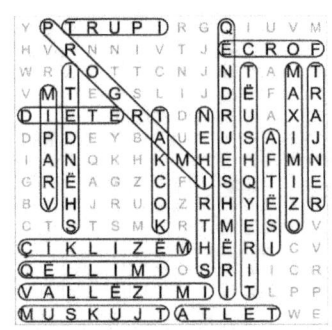

19 - Chocolat

20 - Mathématiques

21 - Sport

22 - Mythologie

23 - Restaurant #2

24 - Avions

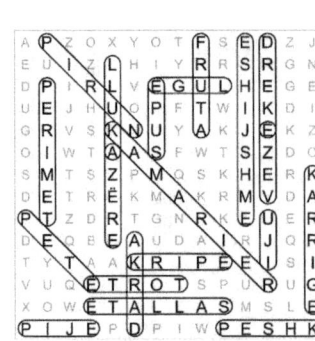

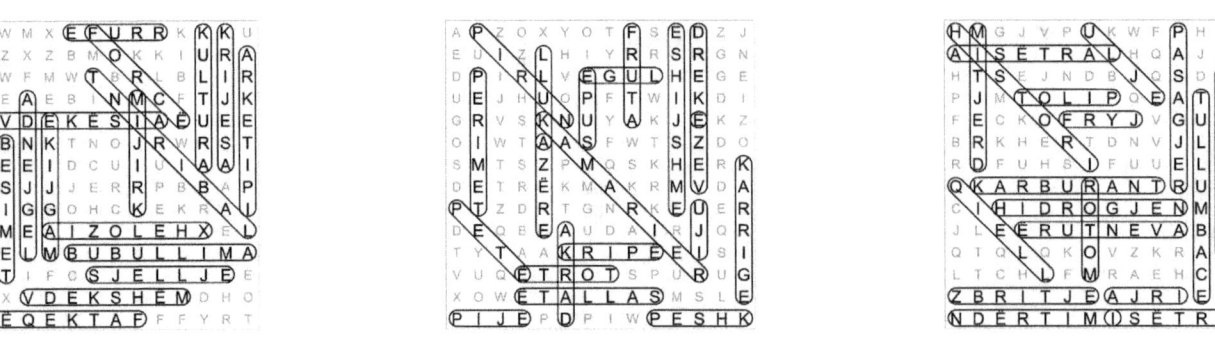

25 - Aventure

26 - Ville

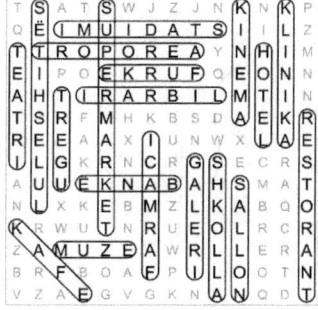

27 - Ingénierie

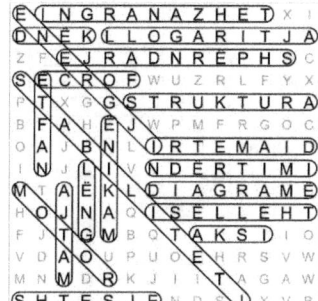

28 - Énergie

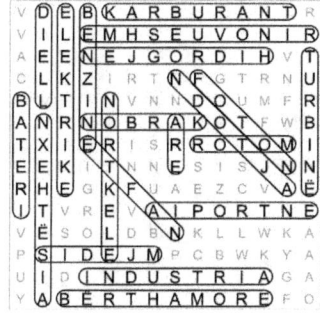

29 - Corps Humain

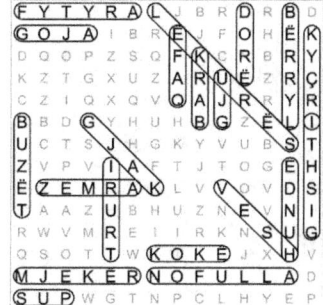

30 - Épices

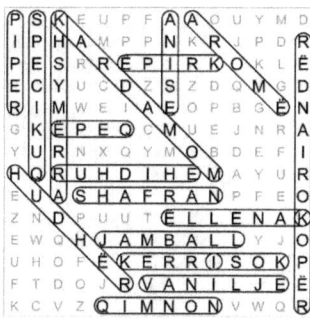

31 - Science

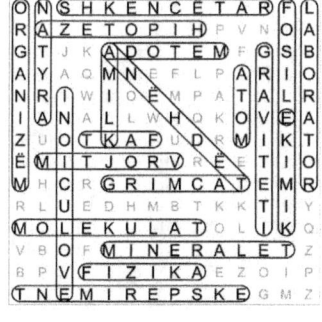

32 - Vêtements

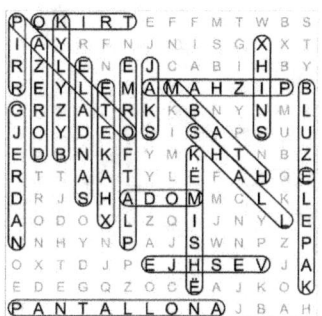

33 - Arts Visuels

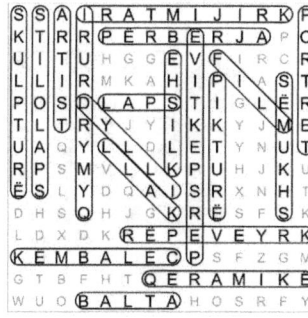

34 - Méditation

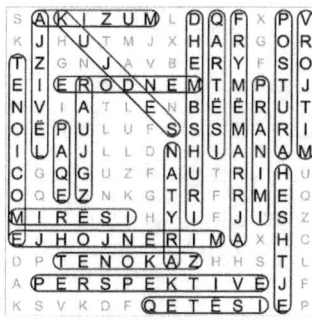

35 - Littérature

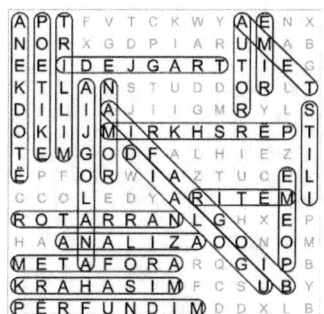

36 - Nourriture #1

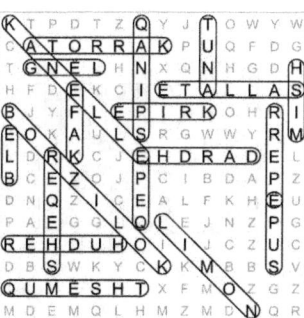

37 - Jours et Mois

38 - Jardinage

39 - Entreprise

40 - Activités

41 - Mode

42 - Fleurs

43 - Nourriture #2

44 - Algèbre

45 - Océan

46 - Remplir

47 - Antiquités

48 - Ballet

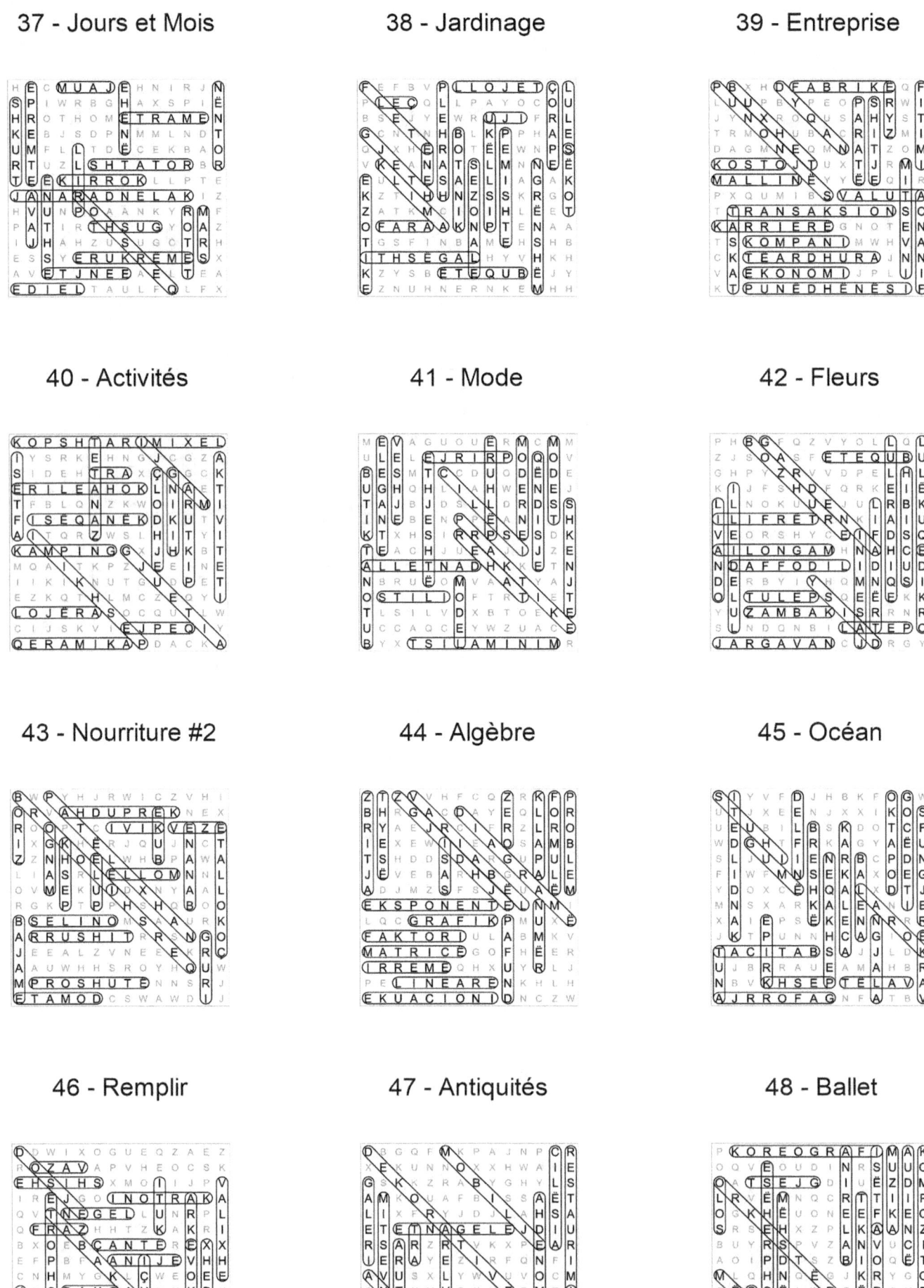

49 - Fruit

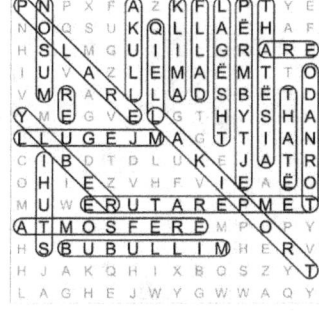

50 - Technologie

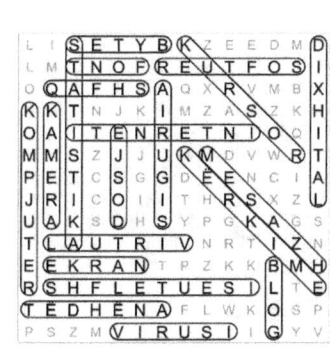

51 - Musique

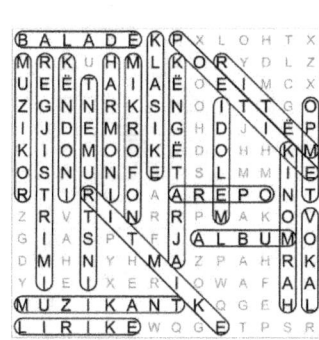

52 - Météo

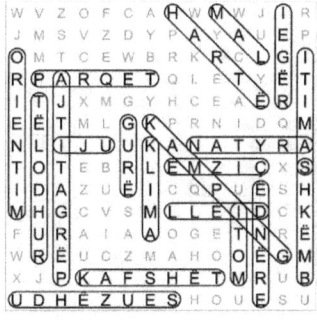

53 - L'Entreprise

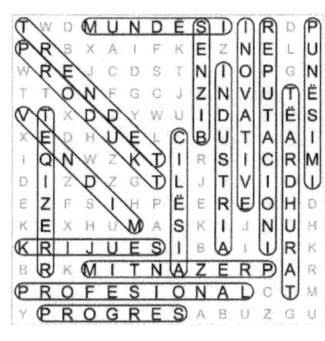

54 - Gouvernement

55 - Randonnée

56 - Art

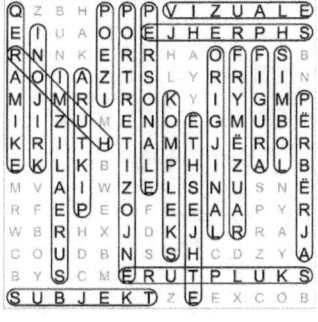

57 - Nutrition

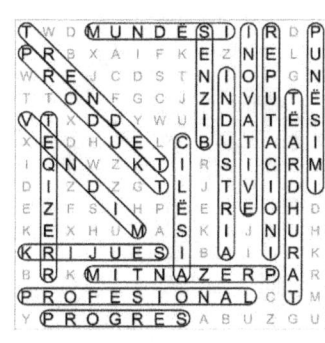

58 - Créativité

59 - Science Fiction

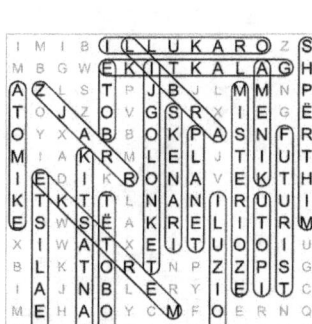

60 - Professions #1

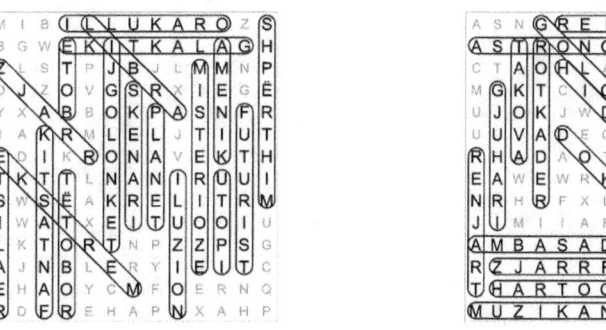

61 - Géologie

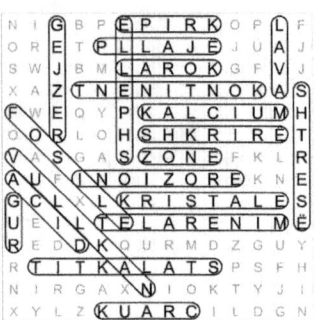

62 - Cirque

63 - Jardin

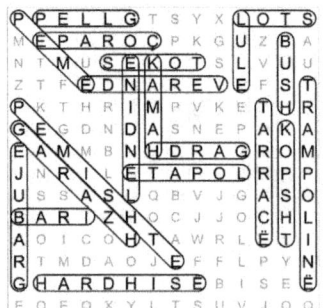

64 - Santé et Bien Être #1

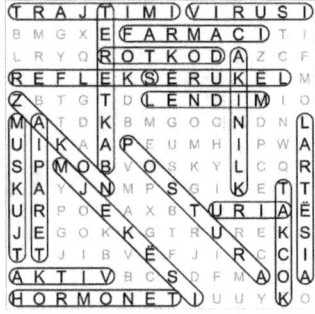

65 - Barbecues

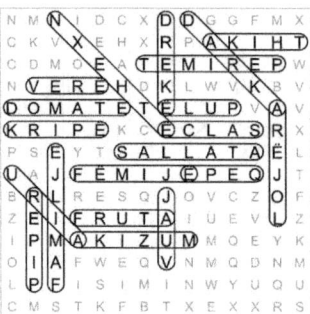

66 - Animaux de Compagnie

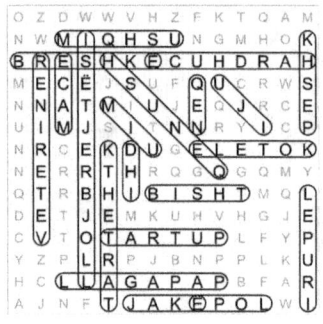

67 - Forêt Tropicale

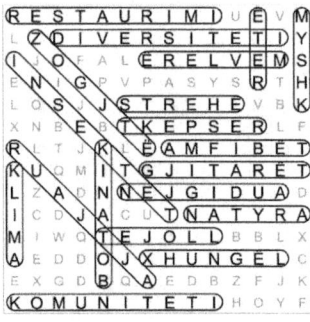

68 - Insectes

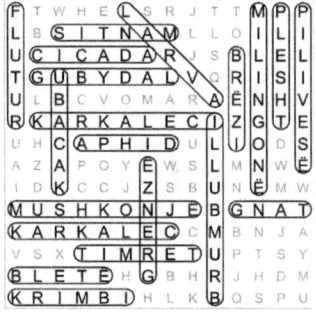

69 - Ferme #1

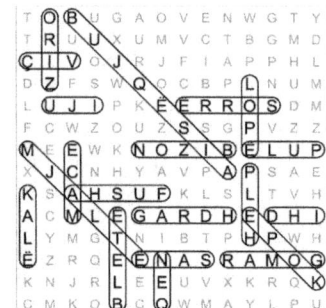

70 - Antarctique

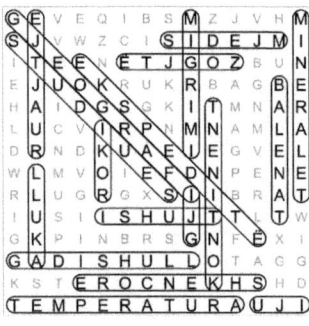

71 - Professions #2

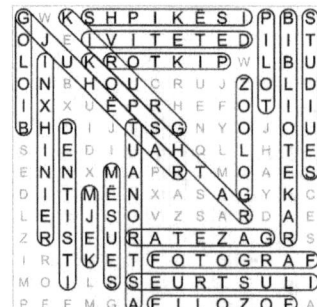

72 - Les Abeilles

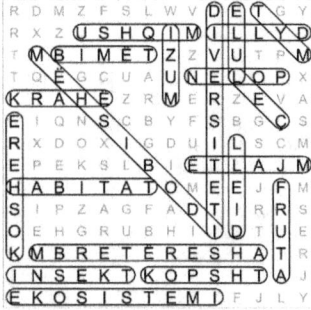

73 - Santé et Bien Être #2

74 - Conduite

75 - Plantes

76 - Ferme #2

77 - Vacances #2

78 - Éthique

79 - Temps

80 - Maison

81 - Légumes

82 - Famille

83 - Oiseaux

84 - Disciplines Scientifiques

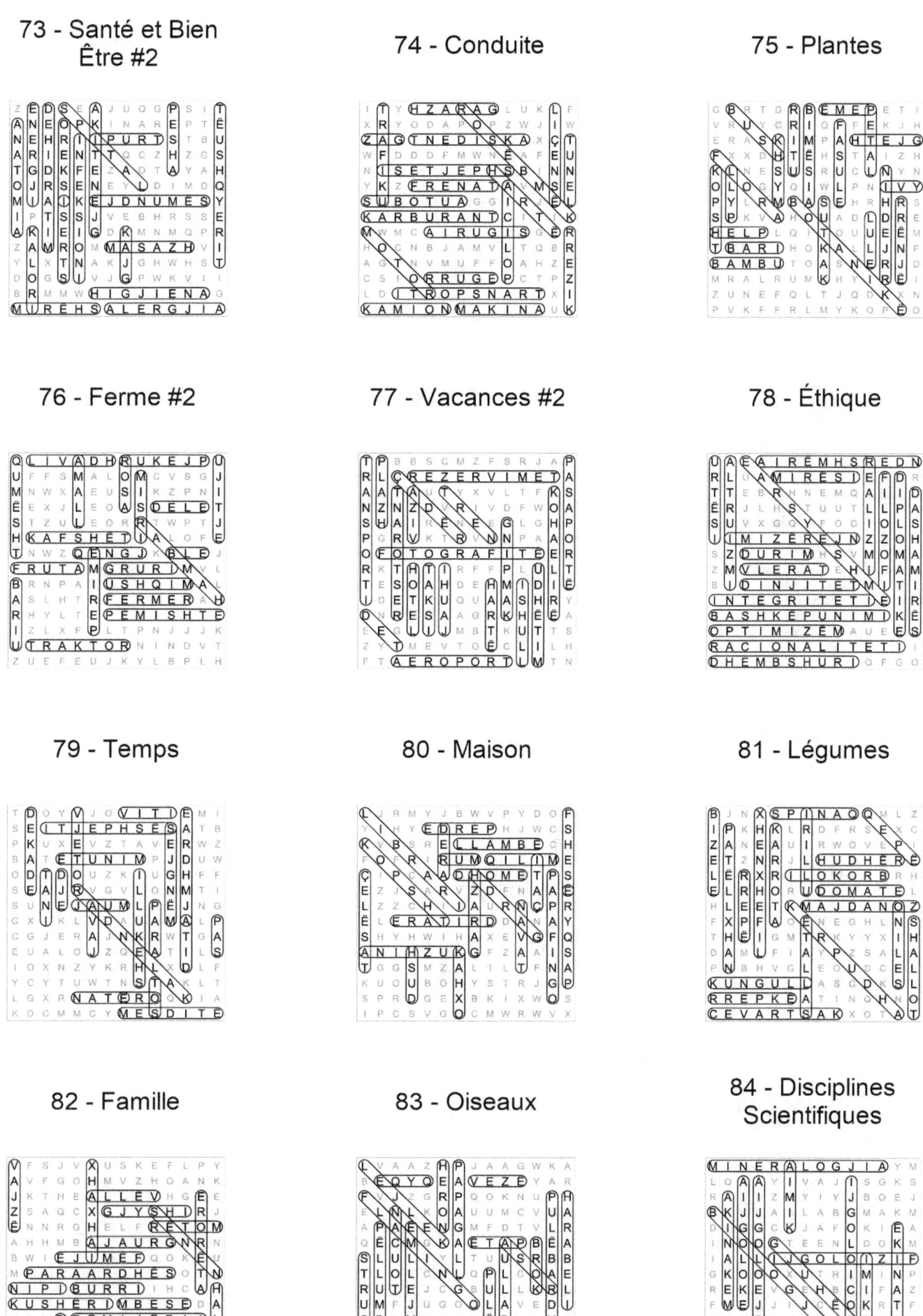

85 - Univers

```
A S T R O N O M O L J O L B
G J E R Ë S I I R O B K H
E D U K S H M E E B W U J
A S T E R O I D C I P I
E K U A T O R I E I Y T
W R E I M O N O R T S A Ë A
O Y K M H E M I S F E R A N
T L O Q D G K O S L I Z
G A L A K T I K E O C H
Q W L E C Y M L R S V O
A Q E I E I Z V R M T Q
U H I E I E Q O J E T C
M G D X P O K S E L E T
H O R I Z O N T H Ë N A G
```

86 - Géographie

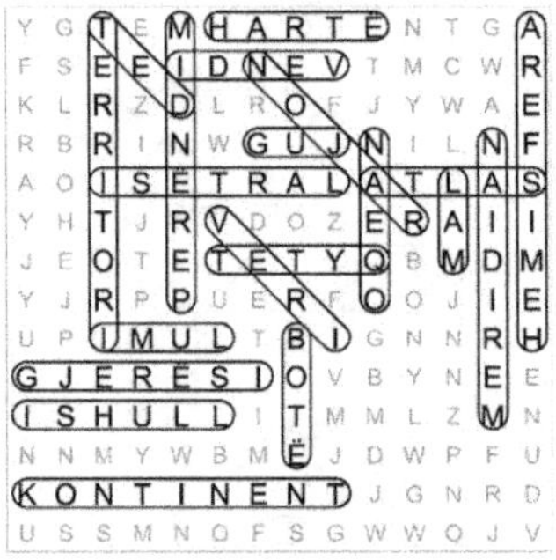

```
Y G T E M H A R T E N T G A
K E E I D N E V T M C W M
K L R Z O W A R E F U
B R I N W G U N L N L
A O I S É T R A L A T L A S
M T J R E D O Z E R A I M
R J E O T E T Y O J A D I R E
Y J R P U E R F O O I E M
U P I M U T B Y E N E W
G J E R Ë S O V B Y N E
I S H U L L T M M L Z
K O N T I N E N T J G N R D
U S S M N G S G W O J V
```

87 - Bâtiments

```
S H K O L L A T G H O J
L Z A A D A S A B M A S
T E T E K R A M R E P U S
F Z I M U I D A T S E
I R T A E T L C Z K O G R K
R N D M F R B H M A V A I
U N I V E R S I T E T A N
A U R X X U A N I B A K O E
L E T O H Z T S Y L M
L A T I P S E R I A
R E D A C E V N R A B M A H
L A B O R A T O R Y A D F
K Ë S H T J E L L A A D F
```

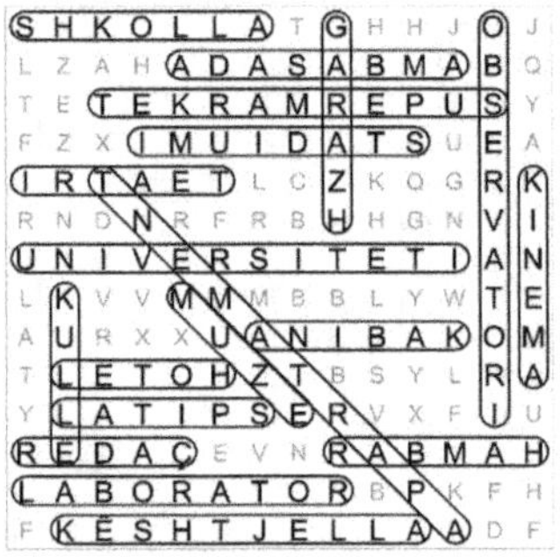

88 - Activités et Loisirs

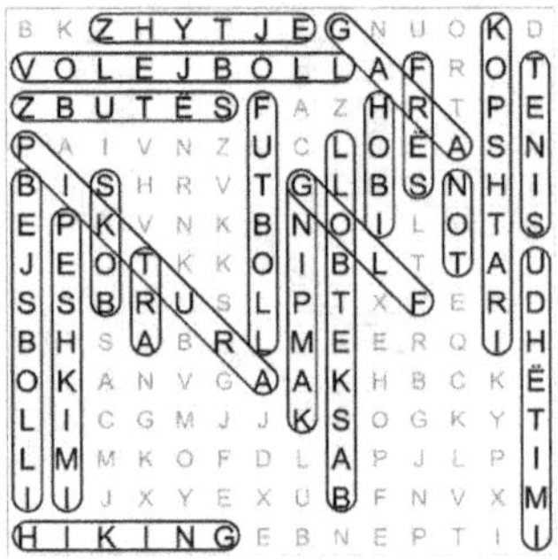

```
B K Z H Y T J E G N U O K O
V O L E J B O L I A F P E
Z B U T Ë S F A Z R P N
P A I V N Z U C L O Ë A I H I
B I S H R V T G L B S T S
E J P K O N B N O U O T U
S S B R U L P T X I F D H
B H S A B R U M E E R Q I
B O K I A N V G A K H B C E I
L I C G M J J S O G K Y T M
L M K O F D L A N Z T P I M
I J X Y E X U N F L P L U
H I K I N G E B N E P T I
```

89 - Livres

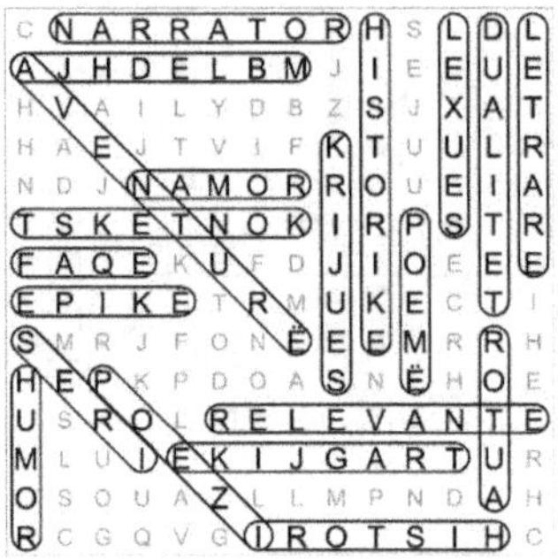

```
C N A R R A T O R H L E U
U A J H D E L B M J I S E X
H V A I J T V I F B Z T U A
N D J N A M O R R I J P S T
T S K E T N O K I J U K E
F A Q E H I T D E E M U E R
E P I K E T R M U K E T H
S M R J F O N E S N Ë H O E
H E P K P D O A S N O U E
M L U E R E L E V A N T E
O R S O U Z E K I J G A R T U
R C G O J W J I R O T S I H
```

90 - Pays #2

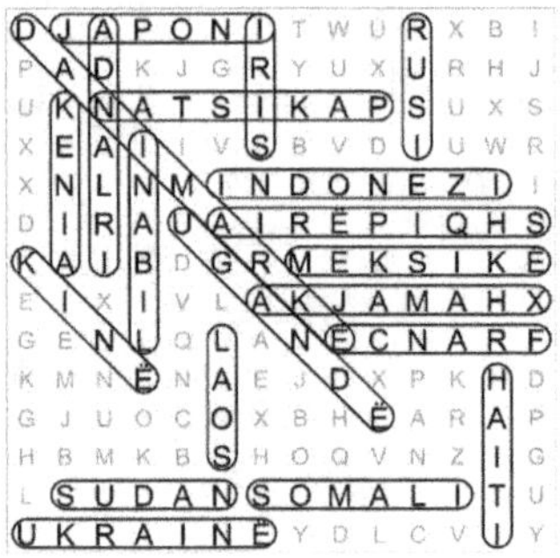

```
D J A P O N T W U R X B I
P A D K J G R Y U X U J
X E N L A T S B V D U W
K N A T S I K A P S U X S
E I L N M I N D O N E Z I E
N I R A U A I R É P I Q H S
G R M E K S I K E I
E N U L A N E C N A R F
K M N É N A O S X B H É A R
G J U O C O X R E A F H A I T
S U D A N S O M A L I T U
U K R A I N E A
```

91 - Fournitures d'Art

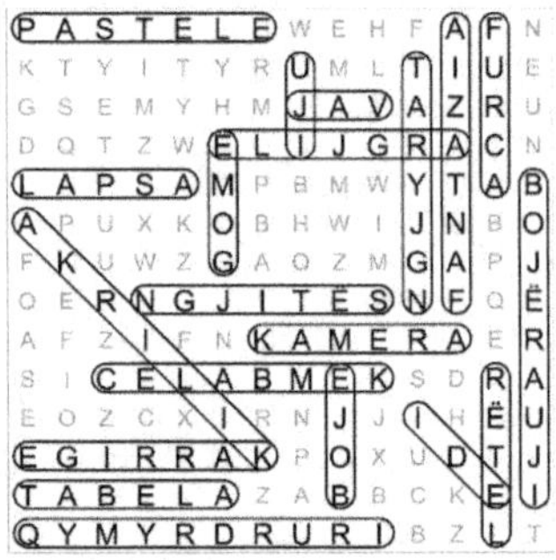

```
P A S T E L E W E H F A F U
K T Y I T Y H M U L T N R C
G S E M Y H M J A V A I Z U
D Q T Z W E L U J G R A C R
L A P S A M P B M W Y J T A B
A P U X X O G B H W I N O J É
E R N G J I T Ë S T N A P R
A F Z I F K A M E R A E A U J
S I C E L A B M E K N J I
E O Z C X J R J J L Ë U
E G I R R A K P O X D T E
T A B E L A S J J A R E
Q Y M Y R D R U R I B Z T
```

92 - Eau

```
P E R M B Y T J E K S L
D U S H M T U U D H A J
G E Y Z E R M J A N A G Ë H
K Y Q A J M U U S A Q Ë S E
E J A V J T Ë L J S U O S H T
J M C V U T H U T S O A H T
U L I J S N Z O F N T I
L U M A K I M I L U V A T
U V E C Y P L I U M E L A
U Y Q U A D R U L Q R B G
P Z B N Y L A N C E N N U
E B B O R E R P O O S J C Y
```

93 - Jazz

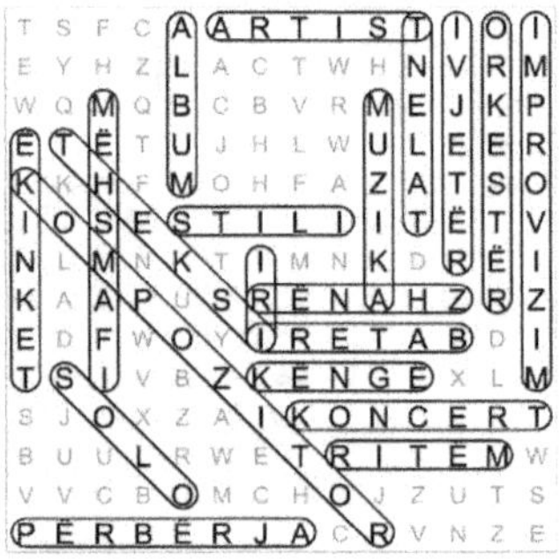

```
T S F C A A R T I S T J
E Y H Z L A C T W N O U M
W Q M O U M E M U Z I R K E
E T E P H E Z O H F A Z S E P
K O S E S T I L I E T T R
I N K A P S R E N A H Z O
K E T E D F W O V R E T A B V
J O X Z A I K O N C E R T
V V C B O M C H O Z U T S
P Ë R B Ë R J A C R V N Z E
```

94 - Paysages

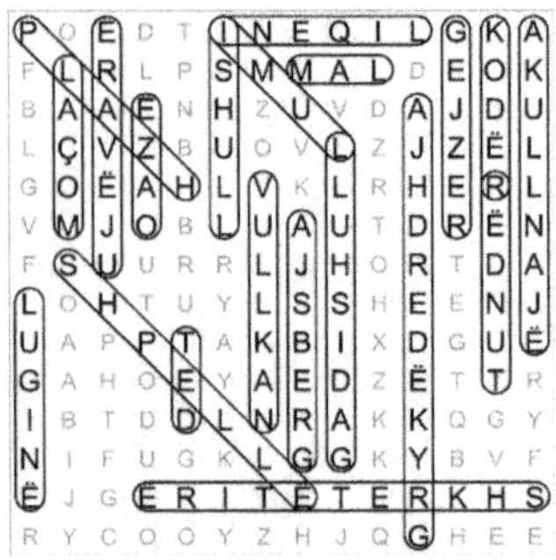

```
P O E D T N E Q I D G K O
F L R L P S M M A D E E O K
Ç V Z N H Z U V A J Z Ë K U
Q O Ë A H U O V L U L T E N
O M U J O S U V U N E R E D
L U R R E U I L S I B L N A J
U P A I T E D I B X E A E D
L U G I N E R I T Ë T E R K H S
R Y C O O Y Z H J Q G H E E
```

95 - Pays #1

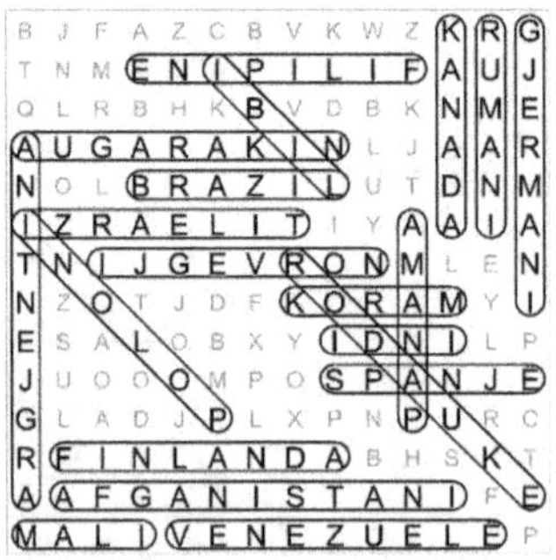

```
B J F A Z C B V K W Z K R G
T N M E N P I L I P A U J E
Q L R B M D V U V I N R M R
A U G A R A K I N L D J A M
N O L B R A Z I L U T N A
I Z R A E L I T I Y E I N
T N J I G E V R O N E S
N E S A L O B X Y D N L P
J U O G O M P O S P A N J E
G L A D J P L X P N D U
F I N L A N D A B H S K T
A F G A N I S T A N I
M A L V E N E Z U E L E
```

96 - Psychologie

```
H T F F L Y K F F Y C E H
E E J L L E J S I G X L V H
J T K I L F N O K I H N P J
D I S E J D N O H H E M R
E A A R E A L I T E T G E M
V A Ë E M I D N E M I R E M E
A R E G R T E R A P I A V O J
P S R E A I R E J I M Ë R E B
V A P W X A X P A U R I
N Ë N V E T Ë D I J A T
E M O C I O N E T K A A M
```

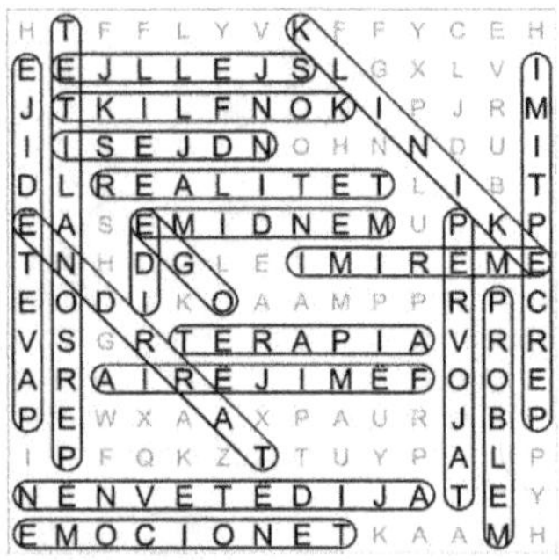

97 - Nature

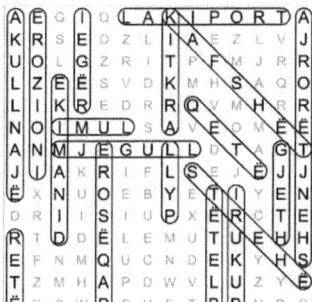

98 - Chimie

99 - Bateaux

100 - Mesures

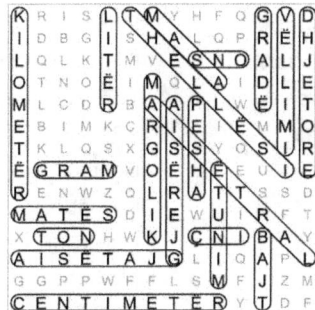

Dictionnaire

Activités
Aktivitetet

Activité	Aktiviteti
Art	Art
Artisanat	Zanatet
Camping	Kamping
Céramique	Qeramika
Chasse	Gjuetia
Compétence	Aftësi
Couture	Qepje
Intérêts	Interesat
Jardinage	Kopshtari
Jeux	Lojëra
Lecture	Leximi
Loisir	Koha e Lirë
Magie	Magji
Peinture	Piktura
Pêche	Peshkimi
Photographie	Fotografi
Plaisir	Kënaqësi
Randonnée	Hiking
Relaxation	Çlodhje

Activités et Loisirs
Aktivitetet dhe Koha e L

Art	Art
Base-Ball	Bejsbolli
Basket-Ball	Basketboll
Boxe	Boks
Camping	Kamping
Course	Gara
Football	Futboll
Golf	Golf
Jardinage	Kopshtari
Nager	Not
Passe-Temps	Hobi
Peinture	Piktura
Pêche	Peshkimi
Plongée	Zhytje
Randonnée	Hiking
Relaxant	Zbutës
Surf	Sërf
Tennis	Tenis
Volley-Ball	Volejboll
Voyage	Udhëtimi

Adjectifs #1
Mbiemrat #1

Absolu	Absolute
Actif	Aktiv
Ambitieux	Ambicioze
Aromatique	Aromatike
Artistique	Artistike
Attractif	Tërheqëse
Beau	E Bukur
Exotique	Ekzotike
Énorme	I Madh
Généreux	Bujar
Honnête	Ndershëm
Identique	Identike
Important	E Rëndësishme
Innocent	Të Pafajshëm
Jeune	I Ri
Lent	Ngathët
Lourd	E Rëndë
Mince	I Hollë
Moderne	Moderne
Parfait	Perfekt

Adjectifs #2
Mbiemrat #2

Authentique	Autentike
Célèbre	I Famshëm
Créatif	Krijues
Descriptif	Përshkrues
Doué	Të Talentuar
Dramatique	Dramatike
Élégant	Elegante
Fier	Krenar
Fort	I Fortë
Intéressant	Interesante
Naturel	Natyrore
Nouveau	I Ri
Productif	Produktive
Puissant	I Fuqishëm
Pur	I Pastër
Responsable	Përgjegjës
Sain	I Shëndetshëm
Salé	E Kripur
Sauvage	I Egër
Sec	Thatë

Algèbre
Algjebra

Diagramme	Diagramë
Exposant	Eksponent
Équation	Ekuacioni
Facteur	Faktori
Faux	I Rremë
Formule	Formulë
Fraction	Thyesë
Graphique	Grafik
Infini	Pafund
Linéaire	Lineare
Matrice	Matricë
Nombre	Numër
Parenthèse	Kllapa
Problème	Problem
Quantité	Sasi
Simplifier	Thjeshtoj
Solution	Zgjidhje
Soustraction	Zbritja
Variable	Variabël
Zéro	Zero

Animaux de Compagnie
Kafshët Shtëpiake

Chat	Mace
Chaton	Kotele
Chèvre	Dhi
Chien	Qen
Chiot	Qenush
Collier	Jakë
Eau	Uji
Griffes	Kthetrat
Hamster	Lloj Brejtësi
Lapin	Lepuri
Lézard	Hardhucë
Nourriture	Ushqim
Pattes	Putrat
Perroquet	Papagall
Poisson	Peshk
Queue	Bisht
Souris	Miu
Tortue	Breshkë
Vache	Lopë
Vétérinaire	Veteriner

Antarctique
Antarktidë

Baie	Gji
Baleines	Balenat
Chercheur	Studiues
Conservation	Ruajtje
Continent	Kontinent
Eau	Uji
Environnement	Mjedis
Expédition	Ekspeditë
Géographie	Gjeografi
Glace	Akull
Glaciers	Akullnajat
Îles	Ishujt
Migration	Migrimi
Minéraux	Mineralet
Oiseaux	Zogjtë
Péninsule	Gadishull
Rocheux	Roki
Scientifique	Shkencore
Température	Temperatura
Topographie	Topografia

Antiquités
Antike

Art	Art
Authentique	Autentike
Bijoux	Bizhuteri
Décoratif	Dekorative
Enchères	Ankand
Élégant	Elegante
Galerie	Galeri
Inhabituel	E Pazakontë
Investissement	Investim
Meubles	Mobilje
Peintures	Piktura
Pièces	Monedha
Prix	Çmimi
Qualité	Cilësia
Restauration	Restaurimi
Sculpture	Skulpturë
Siècle	Shekulli
Style	Stili
Valeur	Vlera
Vieux	I Vjetër

Archéologie
Arkeologjia

Analyse	Analiza
Antiquité	Lashtësia
Chercheur	Studiues
Civilisation	Qytetërimi
Descendant	Pasardhës
Expert	Ekspert
Ère	Epokë
Équipe	Ekipi
Évaluation	Vlerësimi
Fossile	Fosile
Inconnu	Panjohur
Mystère	Mister
Objets	Objekte
Os	Kockat
Oublié	Harruar
Poterie	Qeramikë
Professeur	Profesor
Relique	Relike
Temple	Tempull
Tombe	Varri

Art
Art

Céramique	Qeramike
Complexe	Kompleks
Composition	Përbërja
Créer	Krijoni
Dépeindre	Portretizojnë
Expression	Shprehje
Figure	Figura
Honnête	Ndershëm
Humeur	Humor
Inspiré	Frymëzuar
Original	Origjinal
Peintures	Piktura
Personnel	Personale
Poésie	Poezi
Sculpture	Skulpturë
Simple	E Thjeshtë
Sujet	Subjekt
Surréalisme	Surealizmi
Symbole	Simbol
Visuel	Vizuale

Arts Visuels
Artet Pamore

Architecture	Arkitekturë
Argile	Balta
Artiste	Artist
Céramique	Qeramikë
Charbon	Qymyr Druri
Chef-D'Œuvre	Kryevepër
Chevalet	Këmbalec
Cire	Dylli
Composition	Përbërja
Craie	Shkumës
Crayon	Laps
Créativité	Krijimtari
Film	Film
Peinture	Pikturë
Perspective	Perspektivë
Pochoir	Klishe
Portrait	Portret
Sculpture	Skulpturë
Stylo	Stilolaps
Vernis	Llak

Astronomie
Astronomi

Astéroïde	Asteroidi
Astronaute	Astronaut
Astronome	Astronom
Ciel	Qiell
Constellation	Plojësi
Cosmos	Kozmosi
Éclipse	Eklips
Équinoxe	Ekuinoksi
Fusée	Raketë
Galaxie	Galaktikë
Lune	Hëna
Météore	Meteor
Nébuleuse	Mjegullnaja
Observatoire	Observatori
Planète	Planet
Radiation	Rrezatimi
Solaire	Diellore
Supernova	Supernova
Terre	Toka
Univers	Gjithësi

Aventure
Aventurë

Activité	Aktiviteti
Beauté	Bukuri
Bravoure	Trimëri
Dangereux	E Rrezikshme
Destination	Destinacioni
Défis	Sfidat
Difficulté	Vështirësi
Enthousiasme	Entuziazmi
Excursion	Ekskursion
Inhabituel	E Pazakontë
Itinéraire	Itinerari
Joie	Gëzim
Nature	Natyra
Navigation	Navigacion
Nouveau	I Ri
Opportunité	Mundësi
Préparation	Përgatitja
Sécurité	Siguria
Surprenant	Befasuese
Voyages	Udhëtimet

Avions
Aeroplanët

Air	Ajri
Altitude	Lartësi
Atmosphère	Atmosferë
Atterrissage	Ulje
Aventure	Aventurë
Ballon	Tullumbace
Carburant	Karburant
Ciel	Qiell
Construction	Ndërtimi
Descente	Zbritje
Direction	Drejtim
Équipage	Ekuipazhi
Gonfler	Fryj
Hauteur	Lartësia
Histoire	Histori
Hydrogène	Hidrogjen
Moteur	Motor
Passager	Pasagjer
Pilote	Pilot
Turbulence	Turbullira

Ballet
Baletit

Applaudissement	Duartrokitje
Artistique	Artistike
Ballerine	Balerina
Chorégraphie	Koreografi
Compétence	Aftësi
Compositeur	Kompozitor
Danseurs	Kërcimtarë
Expressif	Shprehëse
Geste	Gjest
Gracieux	Këndshëm
Intensité	Intensiteti
Muscles	Muskujt
Musique	Muzika
Orchestre	Orkestër
Public	Audiencë
Répétition	Prova
Rythme	Ritëm
Solo	Solo
Style	Stili
Technique	Teknikë

Barbecues
Barbekju

Chaud	Nxehtë
Couteaux	Thika
Déjeuner	Drekë
Dîner	Darka
Enfants	Fëmijë
Été	Verë
Faim	Uria
Famille	Familje
Fruit	Fruta
Gril	Vuaj
Jeux	Lojëra
Légumes	Perimet
Musique	Muzika
Oignons	Qepë
Poivre	Piper
Poulet	Pulë
Salades	Sallata
Sauce	Salcë
Sel	Kripë
Tomates	Domate

Bateaux
Varkat

Ancre	Spirancë
Bouée	Vozë mbi Ujë
Canoë	Kanoe
Corde	Litar
Équipage	Ekuipazhi
Ferry	Traget
Fleuve	Lumi
Kayak	Kajak
Lac	Liqeni
Marée	Baticë
Marin	Marinar
Mât	Direk
Mer	Det
Moteur	Motor
Nautique	Detare
Océan	Oqean
Radeau	Raft
Vagues	Valët
Voilier	Varkë me Vela
Yacht	Jaht

Bâtiments
Ndërtesat

Ambassade	Ambasada
Appartement	Apartament
Cabine	Kabina
Château	Kështjella
Cinéma	Kinema
École	Shkolla
Garage	Garazh
Grange	Hambar
Hôpital	Spital
Hôtel	Hotel
Laboratoire	Laborator
Musée	Muze
Observatoire	Observatori
Stade	Stadiumi
Supermarché	Supermarket
Tente	Çadër
Théâtre	Teatri
Tour	Kullë
Université	Universiteti
Usine	Fabrikë

Camping
Kampingu

Animaux	Kafshët
Aventure	Aventurë
Boussole	Busull
Cabine	Kabina
Canoë	Kanoe
Carte	Hartë
Chapeau	Kapelë
Chasse	Gjuetia
Corde	Litar
Équipement	Pajisje
Feu	Zjarr
Forêt	Pyll
Hamac	Hamak
Insecte	Insekt
Lac	Liqeni
Lanterne	Fanar
Lune	Hëna
Montagne	Mal
Nature	Natyra
Tente	Çadër

Chimie
Kimia

Acide	Acid
Alcalin	Alkaline
Atomique	Atomike
Carbone	Karbon
Catalyseur	Katalizator
Chaleur	Nxehtësia
Chlore	Klori
Enzyme	Enzimë
Électron	Elektron
Gaz	Gaz
Hydrogène	Hidrogjen
Ion	Jon
Liquide	Lëng
Métaux	Metalet
Molécule	Molekula
Nucléaire	Bërthamore
Oxygène	Oksigjen
Poids	Pesha
Sel	Kripë
Température	Temperatura

Chocolat
Çokollatë

Amer	E Hidhur
Antioxydant	Antioksidues
Bonbon	Karamele
Cacahuètes	Kikirikët
Cacao	Kakao
Calories	Kaloritë
Caramel	Karamel
Délicieux	E Shijshme
Doux	E Ëmbël
Envie	Mall
Exotique	Ekzotike
Favori	E Preferuara
Goût	Shije
Ingrédient	Përbërës
Noix de Coco	Kokosi
Poudre	Pluhur
Qualité	Cilësia
Recette	Receta
Saveur	Aromë
Sucre	Sheqer

Cirque
Cirku

Acrobate	Acrobat
Animaux	Kafshët
Ballons	Balona
Billet	Biletë
Bonbon	Karamele
Costume	Kostum
Divertir	Argëtojë
Éléphant	Elefanti
Jongleur	Xhongler
Lion	Luani
Magicien	Magjistar
Magie	Magji
Montrer	Tregoj
Musique	Muzika
Parade	Paradë
Singe	Majmun
Spectaculaire	Spektakolare
Spectateur	Spektator
Tente	Çadër
Tigre	Tigër

Conduite
Ngasja

Accident	Aksident
Bus	Autobus
Camion	Kamion
Carburant	Karburant
Carte	Hartë
Danger	Rrezik
Freins	Frenat
Garage	Garazh
Gaz	Gaz
Licence	Liçensë
Moteur	Motor
Piéton	Këmbësor
Police	Policia
Route	Rrugë
Sécurité	Siguria
Trafic	Trafiku
Transport	Transporti
Tunnel	Tunel
Vitesse	Shpejtësi
Voiture	Makina

Corps Humain
Trupi i Njeriut

Bouche	Goja
Cerveau	Truri
Cheville	Kyçri
Cou	Qafë
Coude	Bërryl
Cœur	Zemra
Doigt	Gishti
Estomac	Bark
Épaule	Sup
Genou	Gju
Lèvres	Buzët
Main	Dorë
Mâchoire	Nofulla
Menton	Mjekër
Nez	Hundë
Oreille	Vesh
Peau	Lëkurës
Sang	Gjak
Tête	Kokë
Visage	Fytyra

Créativité
Kreativiteti

Artistique	Artistike
Authenticité	Autenticiteti
Clarté	Qartësi
Compétence	Aftësi
Dramatique	Dramatike
Expression	Shprehje
Émotions	Emocionet
Idées	Ide
Image	Imazhi
Imagination	Imagjinatë
Impression	Përshtypje
Inspiration	Frymëzim
Intensité	Intensiteti
Intuition	Intuitë
Inventif	Krijues
Sensation	Ndjesi
Sentiments	Ndjenjat
Spontané	Spontane
Visions	Vizionet
Vitalité	Vitaliteti

Diplomatie
Diplomacia

Ambassade	Ambasada
Ambassadeur	Ambasador
Citoyens	Qytetarët
Civique	Qytetare
Communauté	Komuniteti
Conflit	Konflikt
Conseiller	Këshilltar
Coopération	Bashkëpunimi
Diplomatique	Diplomatike
Discussion	Diskutim
Éthique	Etika
Gouvernement	Qeverisë
Humanitaire	Humanitar
Intégrité	Integriteti
Justice	Drejtësi
Politique	Politika
Résolution	Rezolutë
Sécurité	Siguria
Solution	Zgjidhje
Traité	Traktati

Disciplines Scientifiques
Disiplinat Shkencore

Anatomie	Anatomia
Archéologie	Arkeologjia
Astronomie	Astronomi
Biochimie	Biokimi
Biologie	Biologji
Botanique	Botanikë
Chimie	Kimia
Écologie	Ekologjia
Géologie	Gjeologjia
Immunologie	Imunologji
Linguistique	Gjuhësi
Mécanique	Mekanika
Météorologie	Meteorologji
Minéralogie	Mineralogjia
Neurologie	Neurologji
Physiologie	Fiziologji
Psychologie	Psikologji
Sociologie	Sociologji
Thermodynamique	Termodinamika
Zoologie	Zoologji

Eau
Uji

Canal	Kanal
Douche	Dush
Évaporation	Avullimi
Fleuve	Lumi
Flux	Lumë
Gel	Acar
Geyser	Geyzer
Glace	Akull
Humidité	Lagështi
Inondation	Përmbytje
Irrigation	Ujitje
Lac	Liqeni
Mousson	Muson
Neige	Borë
Océan	Oqean
Ouragan	Stuhi
Pluie	Shi
Potable	Pijshëm
Vagues	Valët
Vapeur	Avull

Entreprise
Biznesit

Argent	Paratë
Boutique	Dyqan
Budget	Buxhet
Bureau	Zyrë
Carrière	Karrierë
Coût	Kosto
Devise	Valuta
Employeur	Punëdhënësi
Employé	Punonjës
Entreprise	Kompani
Économie	Ekonomi
Finance	Financa
Impôts	Taksat
Investissement	Investim
Marchandise	Mallin
Profit	Fitimi
Revenu	Të Ardhura
Transaction	Transaksion
Usine	Fabrikë
Vente	Shitje

Énergie
Energjisë

Batterie	Bateri
Carbone	Karbon
Carburant	Karburant
Chaleur	Nxehtësia
Diesel	Naftë
Entropie	Entropia
Environnement	Mjedis
Essence	Benzinë
Électrique	Elektrike
Électron	Elektron
Hydrogène	Hidrogjen
Industrie	Industria
Moteur	Motor
Nucléaire	Bërthamore
Photon	Foton
Pollution	Ndotja
Renouvelable	Rinovueshme
Soleil	Diell
Turbine	Turbinë
Vent	Era

Épices
Melmesat

Aigre	Kosi
Ail	Hudhër
Amer	E Hidhur
Anis	Anise
Cannelle	Kanellë
Cardamome	Kardamom
Coriandre	Koriandër
Cumin	Qimnon
Curry	Kerri
Fenouil	Kopër
Gingembre	Xhenxhefil
Muscade	Arrëmyshk
Oignon	Qepë
Paprika	Spec i Kuq
Poivre	Piper
Réglisse	Jamball
Safran	Shafran
Saveur	Aromë
Sel	Kripë
Vanille	Vanilje

Éthique
Etika

Altruisme	Altruizmi
Bienveillant	Dashamirës
Compassion	Dhembshuri
Coopération	Bashkëpunimi
Dignité	Dinjitet
Diplomatique	Diplomatike
Gentillesse	Mirësi
Honnêteté	Ndershmëria
Humanité	Njerëzimi
Intégrité	Integriteti
Optimisme	Optimizëm
Patience	Durim
Philosophie	Filozofi
Raisonnable	E Arsyeshme
Rationalité	Racionaliteti
Respectueux	Respektueshëm
Réalisme	Realizmi
Sagesse	Urtësi
Tolérance	Tolerancë
Valeurs	Vlerat

Famille
Familja

Ancêtre	Paraardhës
Cousin	Kushëri
Enfance	Fëmijëria
Enfant	Fëmijë
Femme	Gruaja
Fille	Vajzë
Frère	Vëlla
Grand-Mère	Gjyshja
Grand-Père	Gjyshi
Mari	Burri
Maternel	Nënës
Mère	Nëna
Neveu	Nipi
Nièce	Mbesë
Oncle	Xhaxhai
Paternel	Atërore
Petit-Fils	Nipi
Père	Baba
Soeur	Motër
Tante	Hallë

Ferme #1
Ferma Numër 1

Abeille	Bletë
Agriculture	Bujqësia
Âne	Gomar
Bison	Bizon
Champ	Fusha
Chat	Mace
Cheval	Kalë
Chèvre	Dhi
Chien	Qen
Clôture	Gardh
Corbeau	Sorrë
Eau	Uji
Engrais	Pleh
Foin	Sanë
Miel	Mjaltë
Poulet	Pulë
Riz	Oriz
Troupeau	Kope
Vache	Lopë
Veau	Viç

Ferme #2
Ferma Numër 2

Agneau	Qengj
Agriculteur	Fermer
Animaux	Kafshët
Berger	Bariu
Blé	Gruri
Canard	Rosa
Fruit	Fruta
Grange	Hambar
Irrigation	Ujitje
Lait	Qumësht
Lama	Llama
Légume	Perime
Maïs	Misri
Mouton	Dele
Mûr	Pjekur
Nourriture	Ushqim
Orge	Elb
Pré	Livadh
Tracteur	Traktor
Verger	Pemishte

Fleurs
Lule

Bouquet	Buqetë
Gardénia	Gardenia
Hibiscus	Hibiscus
Jasmin	Jasemini
Jonquille	Daffodil
Lavande	Livando
Lilas	Jargavan
Lys	Zambak
Magnolia	Magnolia
Marguerite	Daisy
Orchidée	Orkide
Passiflore	Lule Pasioni
Pavot	Lulëkuqe
Pétale	Petal
Pissenlit	Luleradhiqe
Pivoine	Bozhure
Rose	Trëndafil
Tournesol	Luledielli
Trèfle	Tërfili
Tulipe	Tulep

Force et Gravité
Forca dhe Graviteti

Axe	Aksi
Centre	Qendra
Découverte	Zbulimi
Distance	Distancë
Dynamique	Dinamike
Expansion	Zgjerimi
Friction	Fërkimi
Impact	Ndikimi
Magnétisme	Magnetizmi
Mécanique	Mekanika
Mouvement	Lëvizje
Orbite	Orbita
Physique	Fizika
Planètes	Planetet
Poids	Pesha
Pression	Presioni
Propriétés	Vetitë
Temps	Koha
Universel	Universale
Vitesse	Shpejtësi

Forêt Tropicale
Pyjet e Shiut

Amphibiens	Amfibët
Botanique	Botanik
Climat	Klima
Communauté	Komuniteti
Diversité	Diversiteti
Espèce	Llojet
Indigène	Audigjen
Insectes	Insektet
Jungle	Xhungël
Mammifères	Gjitarët
Mousse	Myshk
Nature	Natyra
Nuage	Retë
Oiseaux	Zogjtë
Précieux	Me Vlerë
Préservation	Ruajtja
Refuge	Strehë
Respect	Respekt
Restauration	Restaurimi
Survie	Mbijetesa

Formes
Format

Arc	Hark
Bords	Skajet
Carré	Sheshi
Cercle	Rreth
Coin	Qoshe
Courbe	Kurve
Cône	Kon
Côté	Anë
Cube	Kube
Cylindre	Cilindri
Ellipse	Elips
Hyperbole	Hiperbola
Ligne	Linjë
Ovale	Ovale
Polygone	Poligoni
Prisme	Prizëm
Pyramide	Piramida
Rectangle	Drejtkëndësh
Sphère	Sferë
Triangle	Trekëndësh

Fournitures d'Art
Furnizimet e Artit

Acrylique	Akrilik
Aquarelles	Bojëra Uji
Argile	Argjilë
Brosses	Furca
Caméra	Kamera
Chaise	Karrige
Charbon	Qymyr Druri
Chevalet	Këmbalec
Colle	Ngjitës
Couleurs	Ngjyrat
Crayons	Lapsa
Créativité	Fantazia
Eau	Uji
Encre	Bojë
Gomme	Gomë
Huile	Vaj
Idées	Ide
Papier	Letër
Pastels	Pastele
Table	Tabela

Fruit
Fruta

Abricot	Kajsi
Ananas	Ananas
Avocat	Avokado
Banane	Banane
Cerise	Qershi
Citron	Limon
Figue	Fig
Framboise	Mjedër
Goyave	Guava
Kiwi	Kivi
Mangue	Mango
Melon	Pjepër
Nectarine	Nektarinë
Orange	Portokalli
Papaye	Papaja
Pêche	Pjeshkë
Poire	Dardhë
Pomme	Mollë
Prune	Kumbull
Raisin	Rrushit

Géographie
Gjeografia

Altitude	Lartësi
Atlas	Atlas
Carte	Hartë
Continent	Kontinent
Fleuve	Lumi
Hémisphère	Hemisfera
Île	Ishull
Latitude	Gjerësi
Mer	Det
Méridien	Meridian
Monde	Botë
Montagne	Mal
Nord	Veri
Océan	Oqean
Ouest	Perëndim
Pays	Vendi
Région	Rajon
Sud	Jug
Territoire	Territori
Ville	Qytet

Géologie
Gjeologjia

Acide	Acid
Calcium	Kalcium
Caverne	Shpellë
Continent	Kontinent
Corail	Koral
Couche	Shtresë
Cristaux	Kristale
Érosion	Erozioni
Fondu	Shkrirë
Fossile	Fosile
Geyser	Gejzer
Lave	Lava
Minéraux	Mineralet
Pierre	Gur
Plateau	Pllajë
Quartz	Kuarc
Sel	Kripë
Stalactite	Stalaktit
Volcan	Vullkan
Zone	Zonë

Géométrie
Gjeometria

Angle	Kënd
Calcul	Llogaritja
Cercle	Rreth
Courbe	Kurve
Diamètre	Diametri
Dimension	Dimensioni
Équation	Ekuacioni
Hauteur	Lartësia
Logique	Logjikë
Masse	Masa
Médian	Mesatare
Nombre	Numër
Parallèle	Paralel
Proportion	Pjesë
Segment	Segment
Surface	Sipërfaqe
Symétrie	Simetri
Théorie	Teori
Triangle	Trekëndësh
Vertical	Vertikale

Gouvernement
Qeverisë

Citoyenneté	Qytetari
Civil	Civile
Constitution	Kushtetuta
Démocratie	Demokraci
Discours	Të Folurit
Discussion	Diskutim
Droits	Të Drejtat
Égalité	Barazi
État	Shteti
Indépendance	Pavarësia
Judiciaire	Gjyqësor
Justice	Drejtësi
Liberté	Liri
Loi	Ligji
Monument	Monument
Nation	Kombi
National	Kombëtare
Paisible	Paqësore
Politique	Politika
Symbole	Simbol

Herboristerie
Herbalizëm

Ail	Hudhër
Aromatique	Aromatike
Bénéfique	I Dobishëm
Culinaire	Kulinari
Estragon	Dragua
Fenouil	Kopër
Fleur	Lule
Ingrédient	Përbërës
Jardin	Kopsht
Lavande	Livando
Marjolaine	Borzilok
Menthe	Nenexhik
Origan	Rigon
Persil	Majdanoz
Qualité	Cilësia
Romarin	Rozmarinë
Safran	Shafran
Saveur	Aromë
Thym	Trumzë
Vert	E Gjelbër

Ingénierie
Inxhinieri

Angle	Kënd
Axe	Aksi
Calcul	Llogaritja
Construction	Ndërtimi
Diagramme	Diagramë
Diamètre	Diametri
Diesel	Naftë
Distribution	Shpërndarje
Engrenages	Ingranazhet
Énergie	Energji
Force	Forcë
Liquide	Lëng
Machine	Makinë
Mesure	Matja
Moteur	Motor
Profondeur	Thellësi
Propulsion	Shtesje
Rotation	Rrotullimi
Stabilité	Stabiliteti
Structure	Struktura

Insectes
Insektet

Abeille	Bletë
Cafard	Kacabu
Cigale	Cicada
Coccinelle	Ladybug
Criquet	Karkaleci
Fourmi	Milingonë
Frelon	Brëzi
Guêpe	Grenzë
Larve	Larva
Libellule	Pilivesë
Mante	Mantis
Moucheron	Gnat
Moustique	Mushkonjë
Papillon	Flutur
Puce	Plesht
Puceron	Aphid
Sauterelle	Karkalec
Scarabée	Brumbulli
Termite	Termit
Ver	Krimbi

Instruments de Musique
Instrumentet Muzikore

Banjo	Banjo
Basson	Fageg
Clarinette	Klarinetë
Flûte	Flaut
Gong	Gong
Guitare	Kitarë
Harmonica	Harmonikë
Harpe	Harp
Hautbois	Oboe
Mandoline	Mandolinë
Marimba	Marimba
Percussion	Goditje
Piano	Piano
Saxophone	Saksofon
Tambour	Daulle
Tambourin	Dajre
Trombone	Trombon
Trompette	Trumbetë
Violon	Violinë
Violoncelle	Violonçel

Jardin
Kopshti

Arbre	Pemë
Banc	Stol
Buisson	Bush
Clôture	Gardh
Étang	Pellg
Fleur	Lule
Garage	Garazh
Hamac	Hamak
Herbe	Bari
Jardin	Kopsht
Pelle	Lopatë
Pelouse	Lëndinë
Porche	Verandë
Râteau	Grabujë
Sol	Tokës
Terrasse	Tarracë
Trampoline	Trampolinë
Tuyau	Çorape
Verger	Pemishte
Vigne	Hardhisë

Jardinage
Kopshtarisë

Botanique	Botanik
Bouquet	Buqetë
Climat	Klima
Comestible	Ngrënshëm
Compost	Plehrash
Eau	Uji
Espèce	Llojet
Exotique	Ekzotike
Feuillage	Gjeth
Feuille	Fletë
Fleur	Çel
Floral	Lules
Graines	Fara
Humidité	Lagështi
Récipient	Enë
Saisonnier	Sezonale
Saleté	Pisllëku
Sol	Tokës
Tuyau	Çorape
Verger	Pemishte

Jazz
Xhaz

Accent	Theksi
Album	Album
Artiste	Artist
Célèbre	I Famshëm
Chanson	Këngë
Compositeur	Kompozitor
Composition	Përbërja
Concert	Koncert
Genre	Zhanër
Improvisation	Improvizim
Musique	Muzika
Nouveau	I Ri
Orchestre	Orkestër
Rythme	Ritëm
Solo	Solo
Style	Stili
Talent	Talent
Tambours	Bateri
Technique	Teknikë
Vieux	I Vjetër

Jours et Mois
Ditët dhe Muajt

Août	Gusht
Avril	Prill
Calendrier	Kalendar
Dimanche	E Diel
Février	Shkurt
Janvier	Janar
Jeudi	E Enjte
Juillet	Korrik
Juin	Qershor
Lundi	E Hënë
Mardi	E Martë
Mars	Mars
Mercredi	E Mërkurë
Mois	Muaj
Novembre	Nëntor
Octobre	Tetor
Samedi	E Shtunë
Semaine	Java
Septembre	Shtator
Vendredi	E Premte

L'Entreprise
Kompania

Affaires	Biznes
Créatif	Krijues
Décision	Vendim
Emploi	Punësimi
Global	Globale
Industrie	Industria
Innovant	Inovative
Investissement	Investim
Possibilité	Mundësi
Présentation	Prezantim
Produit	Produkt
Professionnel	Profesional
Progrès	Progres
Qualité	Cilësia
Ressources	Burimet
Revenu	Të Ardhurat
Réputation	Reputacioni
Risques	Rreziqet
Tendances	Trendet
Unités	Njësitë

Les Abeilles
Bletët

Ailes	Krahë
Bénéfique	I Dobishëm
Cire	Dylli
Diversité	Diversiteti
Essaim	Muzi
Écosystème	Ekosistemi
Fleur	Çel
Fleurs	Lule
Fruit	Fruta
Fumée	Tym
Habitat	Habitat
Insecte	Insekt
Jardin	Kopsht
Miel	Mjaltë
Nourriture	Ushqim
Plantes	Bimët
Pollen	Polen
Reine	Mbretëresha
Ruche	Koshere
Soleil	Diell

Les Médias
Mediat

Attitudes	Qëndrimet
Commercial	Tregti
Communication	Komunikimi
En Ligne	Online
Édition	Botim
Éducation	Arsimi
Faits	Fakte
Images	Imazhet
Individuel	Individual
Industrie	Industria
Intellectuel	Intelektuale
Journaux	Gazetat
Local	Lokal
Numérique	Dixhital
Opinion	Opinion
Photos	Fotografitë
Public	Publik
Radio	Radio
Réseau	Rrjeti
Télévision	Televizion

Légumes
Perimet

Ail	Hudhër
Artichaut	Angjinarja
Aubergine	Patëllxhan
Brocoli	Brokoli
Carotte	Karrota
Céleri	Selino
Champignon	Kërpudha
Citrouille	Kungull
Concombre	Kastravec
Échalote	Shallot
Épinard	Spinaq
Gingembre	Xhenxhefil
Navet	Rrepë
Oignon	Qepë
Olive	Ulliri
Persil	Majdanoz
Pois	Bizele
Radis	Rrepkë
Salade	Sallatë
Tomate	Domate

Littérature
Letërsia

Analogie	Analogjia
Analyse	Analiza
Anecdote	Anekdotë
Auteur	Autor
Biographie	Biografia
Comparaison	Krahasim
Conclusion	Përfundim
Description	Përshkrim
Dialogue	Dialogu
Fiction	Trillim
Métaphore	Metafora
Narrateur	Narrator
Poème	Poemë
Poétique	Poetike
Rime	Rimë
Roman	Roman
Rythme	Ritëm
Style	Stili
Thème	Tema
Tragédie	Tragjedi

Livres
Librat

Auteur	Autor
Aventure	Aventurë
Collection	Mbledhja
Contexte	Kontekst
Dualité	Dualitet
Épique	Epikë
Histoire	Histori
Historique	Historike
Humoristique	Humor
Inventif	Krijues
Lecteur	Lexues
Littéraire	Letrare
Narrateur	Narrator
Page	Faqe
Pertinent	Relevante
Poème	Poemë
Poésie	Poezi
Roman	Roman
Série	Seri
Tragique	Tragjike

Maison
Shtëpia

Balai	Fshesë
Bibliothèque	Librari
Chambre	Dhomë
Cheminée	Oxhak
Clés	Çelësat
Clôture	Gardh
Cuisine	Kuzhina
Douche	Dush
Fenêtre	Dritare
Garage	Garazh
Grenier	Papafingo
Jardin	Kopsht
Lampe	Llambë
Miroir	Pasqyrë
Mur	Mur
Plafond	Tavan
Porte	Dera
Rideaux	Perde
Tapis	Qilim
Toit	Çati

Mammifères
Gjitarët

Baleine	Balena
Chat	Mace
Cheval	Kalë
Chien	Qen
Coyote	Kojotë
Dauphin	Delfin
Éléphant	Elefanti
Girafe	Gjirafë
Gorille	Gorilla
Kangourou	Kangur
Lapin	Lepuri
Lion	Luani
Loup	Ujku
Mouton	Dele
Ours	Ariu
Renard	Foks
Singe	Majmun
Taureau	Dem
Tigre	Tigër
Zèbre	Zebër

Mathématiques
Matematikë

Angles	Këndet
Arithmétique	Aritmetikë
Carré	Sheshi
Circonférence	Rrethenca
Décimal	Dhjetore
Diamètre	Diametri
Exposant	Eksponent
Équation	Ekuacioni
Fraction	Thyesë
Géométrie	Gjeometria
Parallèle	Paralel
Parallélogramme	Paralelogram
Perpendiculaire	Pingul
Périmètre	Perimetër
Polygone	Poligoni
Rectangle	Drejtkëndësh
Somme	Shumë
Symétrie	Simetri
Triangle	Trekëndësh
Volume	Vëllimi

Mesures
Matjet

Centimètre	Centimetër
Degré	Gradë
Décimal	Dhjetore
Gramme	Gram
Hauteur	Lartësia
Kilogramme	Kilogram
Kilomètre	Kilometër
Largeur	Gjerësia
Litre	Litër
Longueur	Gjatësia
Masse	Masa
Mètre	Matës
Minute	Minutë
Octet	Bajt
Once	Ons
Poids	Pesha
Pouce	Inç
Profondeur	Thellësi
Tonne	Ton
Volume	Vëllimi

Méditation
Meditimi

Acceptation	Pranimi
Attention	Kujdes
Calme	Qetësi
Clarté	Qartësi
Compassion	Dhembshuri
Émotions	Emocionet
Éveillé	Zgjuar
Gentillesse	Mirësi
Gratitude	Mirënjohje
Habitudes	Zakonet
Mental	Mendore
Mouvement	Lëvizja
Musique	Muzika
Nature	Natyra
Observation	Vrojtim
Paix	Paqe
Perspective	Perspektivë
Posture	Postura
Respiration	Frymëmarrja
Silence	Heshtje

Météo
Moti

Arc-En-Ciel	Ylber
Atmosphère	Atmosferë
Brise	Fllad
Brouillard	Mjegull
Ciel	Qiell
Climat	Klima
Glace	Akull
Humide	Lagësht
Inondation	Përmbytje
Mousson	Muson
Nuage	Re
Polaire	Polare
Sec	Thatë
Sécheresse	Thatësia
Température	Temperaturë
Tempête	Stuhi
Tonnerre	Bubullim
Tornade	Tornado
Tropical	Tropikal
Vent	Era

Mode
Modës

Boutique	Butik
Boutons	Butonat
Broderie	Qëndisje
Cher	Shkenjte
Confortable	Rehat
Dentelle	Dantella
Élégant	Elegante
Minimaliste	Minimalist
Moderne	Moderne
Modeste	Modest
Modèle	Model
Original	Origjinal
Pratique	Praktike
Simple	E Thjeshtë
Sophistiqué	I Sofistikuar
Style	Stili
Tendance	Prirje
Texture	Cilësi
Tissu	Pëlhurë
Vêtements	Veshje

Musique
Muzikë

Album	Album
Ballade	Baladë
Chanter	Këndoni
Chanteur	Këngëtarja
Classique	Klasike
Enregistrement	Regjistrimi
Harmonie	Harmoni
Harmonique	Harmonik
Instrument	Instrument
Lyrique	Lirike
Mélodie	Melodi
Microphone	Mikrofon
Musical	Muzikor
Musicien	Muzikant
Opéra	Opera
Poétique	Poetike
Rythme	Ritëm
Rythmique	Ritmike
Tempo	Tempo
Vocal	Vokal

Mythologie
Mitologji

Archétype	Arketipi
Catastrophe	Fatkeqësi
Comportement	Sjellje
Création	Krijim
Créature	Krijesa
Croyances	Besimet
Culture	Kultura
Éclair	Rrufe
Force	Forcë
Guerrier	Luftëtari
Héros	Hero
Immortalité	Pavdekësia
Jalousie	Xhelozia
Labyrinthe	Labirint
Légende	Legjenda
Magique	Magjike
Monstre	Përbindësh
Mortel	Vdekshëm
Tonnerre	Bubullima
Vengeance	Hakmarrje

Nature
Natyra

Abeilles	Bletët
Abri	Strehë
Animaux	Kafshët
Arctique	Arktik
Beauté	Bukuri
Brouillard	Mjegull
Désert	Shkretëtirë
Dynamique	Dinamike
Érosion	Erozioni
Feuillage	Gjeth
Fleuve	Lumi
Forêt	Pyll
Glacier	Akullnajë
Nuage	Retë
Paisible	Paqësore
Sanctuaire	Shenjtërorja
Sauvage	I Egër
Serein	Qetë
Tropical	Tropikal
Vital	Jetësore

Nourriture #1
Ushqimi Numër 1

Ail	Hudhër
Basilic	Borzilok
Café	Kafe
Cannelle	Kanellë
Carotte	Karrota
Citron	Limon
Épinard	Spinaq
Fraise	Luleshtrydhe
Jus	Lëng
Lait	Qumësht
Navet	Rrepë
Oignon	Qepë
Orge	Elb
Poire	Dardhë
Salade	Sallatë
Sel	Kripë
Soupe	Supë
Sucre	Sheqer
Thon	Tuna
Viande	Mish

Nourriture #2
Ushqimi Numër 2

Amande	Bajame
Aubergine	Patëllxhan
Banane	Banane
Blé	Gruri
Brocoli	Brokoli
Cerise	Qershi
Céleri	Selino
Champignon	Kërpudha
Chocolat	Çokollatë
Jambon	Proshutë
Kiwi	Kivi
Mangue	Mango
Oeuf	Vezë
Pain	Bukë
Poisson	Peshk
Pomme	Mollë
Poulet	Pulë
Raisin	Rrushit
Riz	Oriz
Tomate	Domate

Nutrition
Të Ushqyerit

Amer	E Hidhur
Appétit	Oreksi
Calories	Kaloritë
Comestible	Ngrënshëm
Diète	Dietë
Digestion	Tretje
Épices	Erëza
Équilibré	Balancuar
Fermentation	Fermentimi
Glucides	Karbohidratet
Liquides	Lëngjet
Poids	Pesha
Protéines	Proteinat
Qualité	Cilësia
Sain	I Shëndetshëm
Santé	Shëndeti
Sauce	Salcë
Saveur	Aromë
Toxine	Toksinë
Vitamine	Vitamina

Océan
Oqeani

Anguille	Ngjala
Baleine	Balena
Bateau	Varkë
Corail	Koral
Crabe	Gaforrja
Crevette	Karkaleca
Dauphin	Delfin
Éponge	Sfungjer
Huître	Gocë Deti
Marées	Baticat
Méduse	Kandil Deti
Poisson	Peshk
Poulpe	Oktapod
Requin	Peshkaqen
Récif	Gumë
Sel	Kripë
Tempête	Stuhi
Thon	Tuna
Tortue	Breshkë
Vagues	Valët

Oiseaux
Zogjtë

Aigle	Shqiponja
Autruche	Struci
Canard	Rosa
Cigogne	Lejlek
Colombe	Pëllumb
Corbeau	Korb
Coucou	Qyqe
Cygne	Mjellmë
Flamant	Flamingo
Héron	Heron
Manchot	Pinguin
Moineau	Harabeli
Mouette	Pulëbardhë
Oeuf	Vezë
Oie	Patë
Paon	Pallua
Perroquet	Papagall
Pélican	Pelikan
Poulet	Pulë
Toucan	Toucan

Pays #1
Vendet Numër 1

Afghanistan	Afganistani
Allemagne	Gjermani
Argentine	Argjentina
Brésil	Brazil
Canada	Kanada
Espagne	Spanjë
Équateur	Ekuador
Finlande	Finlanda
Inde	Indi
Israël	Izraelit
Libye	Libi
Mali	Mali
Maroc	Marok
Nicaragua	Nikaragua
Norvège	Norvegji
Panama	Panama
Philippines	Filipine
Pologne	Poloni
Roumanie	Rumani
Venezuela	Venezuelë

Pays #2
Vendet #2

Albanie	Shqipëria
Chine	Kinë
Danemark	Danimarkë
France	Francë
Haïti	Haiti
Indonésie	Indonezi
Irlande	Irlanda
Jamaïque	Xhamajka
Japon	Japoni
Kenya	Kenia
Laos	Laos
Liban	Libani
Mexique	Meksikë
Ouganda	Ugandë
Pakistan	Pakistan
Russie	Rusi
Somalie	Somali
Soudan	Sudan
Syrie	Siri
Ukraine	Ukrainë

Paysages
Peizazhet

Cascade	Ujëvarë
Colline	Kodër
Désert	Shkretëtirë
Estuaire	Grykëderdhja
Fleuve	Lumi
Geyser	Gejzer
Glacier	Akullnajë
Grotte	Shpellë
Iceberg	Ajsberg
Île	Ishull
Lac	Liqeni
Marais	Moçal
Mer	Det
Montagne	Mal
Oasis	Oazë
Péninsule	Gadishull
Plage	Plazh
Toundra	Tundër
Vallée	Luginë
Volcan	Vullkan

Philanthropie
Filantropisë

Besoin	Nevoja
Buts	Gola
Charité	Bamirësi
Communauté	Komuniteti
Contacts	Kontaktet
Défis	Sfidat
Enfants	Fëmijë
Finance	Financa
Fonds	Fondet
Gens	Njerëzit
Générosité	Bujari
Global	Globale
Groupes	Grupet
Histoire	Histori
Honnêteté	Ndershmëria
Humanité	Njerëzimi
Jeunesse	Rinia
Mission	Misioni
Programmes	Programet
Public	Publik

Photographie
Fotografi

Adoucir	Zbute
Cadre	Korniza
Caméra	Kamera
Composition	Përbërja
Contraste	Kontrast
Couleur	Ngjyrë
Définition	Përkufizim
Exposition	Ekspozita
Éclairage	Ndriçimi
Format	Format
Noir	E Zezë
Objet	Objekt
Obscurité	Errësirë
Ombre	Hijet
Perspective	Perspektivë
Portrait	Portret
Sujet	Subjekt
Texture	Cilësi
Visuel	Vizuale
Vue	Pamje

Physique
Fizikë

Accélération	Përshpejtimi
Atome	Atom
Chaos	Kaos
Chimique	Kimike
Densité	Dendësia
Électron	Elektron
Formule	Formulë
Fréquence	Frekuenca
Gaz	Gaz
Gravité	Graviteti
Magnétisme	Magnetizmi
Masse	Masa
Mécanique	Mekanika
Molécule	Molekula
Moteur	Motor
Nucléaire	Bërthamore
Particule	Grimcë
Relativité	Relativiteti
Universel	Universale
Vitesse	Shpejtësi

Plantes
Bimët

Arbre	Pemë
Bambou	Bambu
Botanique	Botanikë
Buisson	Bush
Cactus	Kaktus
Engrais	Pleh
Feuillage	Gjeth
Fleur	Lule
Flore	Flora
Forêt	Pyll
Grandir	Rritu
Haricot	Fasule
Herbe	Bari
Jardin	Kopsht
Lierre	Ivy
Mousse	Myshk
Pétale	Petal
Racine	Rrënjë
Tige	Rrjedhin
Végétation	Bimësia

Professions #1
Profesionet Numër 1

Ambassadeur	Ambasador
Astronome	Astronom
Avocat	Avokat
Banquier	Bankier
Bijoutier	Gjuhari
Cartographe	Hartograf
Chasseur	Gjuetar
Danseur	Balerin
Entraîneur	Trajner
Éditeur	Redaktor
Géologue	Gjeolog
Infirmière	Infermiere
Médecin	Doktor
Musicien	Muzikant
Pianiste	Pianist
Plombier	Hidraulik
Pompier	Zjarrfikës
Psychologue	Psikolog
Scientifique	Shkencëtar
Vétérinaire	Veteriner

Professions #2
Profesionet Numër 2

Astronaute	Astronaut
Bibliothécaire	Bibliotekar
Biologiste	Biolog
Chercheur	Studiues
Chirurgien	Kirurg
Dentiste	Dentisti
Détective	Detetivi
Enseignant	Mësues
Illustrateur	Ilustrues
Ingénieur	Inxhinier
Inventeur	Shpikësi
Jardinier	Kopshtar
Journaliste	Gazetar
Linguiste	Gjuhëtar
Médecin	Mjek
Peintre	Piktor
Philosophe	Filozof
Photographe	Fotograf
Pilote	Pilot
Zoologiste	Zoolog

Psychologie
Psikologjia

Clinique	Klinike
Comportement	Sjellje
Conflit	Konflikt
Ego	Ego
Enfance	Fëmijëria
Expériences	Përvojat
Émotions	Emocionet
Évaluation	Vlerësimi
Idées	Ide
Inconscient	Pavetëdije
Pensées	Mendime
Perception	Perceptimi
Personnalité	Personalitet
Problème	Problem
Rendez-Vous	Emërimi
Réalité	Realitet
Rêves	Ëndrrat
Sensation	Ndjesi
Subconscient	Nënvetëdija
Thérapie	Terapia

Randonnée
Ecje

Animaux	Kafshët
Bottes	Çizme
Camping	Kamping
Carte	Hartë
Climat	Klima
Eau	Uji
Falaise	Shkëmb
Fatigué	Të Lodhur
Guides	Udhëzues
Lourd	E Rëndë
Météo	Moti
Montagne	Mal
Nature	Natyra
Orientation	Orientim
Parcs	Parqet
Pierres	Gurë
Préparation	Përgatitja
Sauvage	I Egër
Soleil	Diell
Sommet	Samiti

Remplir
Për të Mbushur

Baril	Fuçi
Bassin	Legen
Boîte	Kuti
Bouteille	Shishe
Caisse	Arkë
Carton	Kartoni
Dossier	Dosje
Enveloppe	Zarf
Navire	Anije
Panier	Shportë
Paquet	Pako
Plateau	Tabaka
Poche	Xhep
Pot	Jar
Sac	Çantë
Seau	Kovë
Tiroir	Sirtar
Tube	Gyp
Valise	Valixhe
Vase	Vazo

Restaurant #2
Restoranti Numër 2

Boisson	Pije
Chaise	Karrige
Cuillère	Lugë
Déjeuner	Drekë
Délicieux	E Shijshme
Dîner	Darka
Eau	Uji
Épices	Erëza
Fourchette	Pirun
Fruit	Fruta
Gâteau	Tortë
Glace	Akull
Légumes	Perimet
Nouilles	Petë
Oeuf	Vezë
Poisson	Peshk
Salade	Sallatë
Sel	Kripë
Serveur	Kamarier
Soupe	Supë

Santé et Bien-Être #1
Shëndeti dhe Mirëqenia #1

Actif	Aktiv
Bactéries	Bakteret
Blessure	Lëndim
Clinique	Klinika
Faim	Uria
Fracture	Frakturë
Habitude	Zakon
Hauteur	Lartësia
Hormone	Hormonet
Médecin	Doktor
Médicament	Mjekësi
Muscles	Muskujt
Os	Kockat
Peau	Lëkurës
Pharmacie	Farmaci
Posture	Postura
Réflexe	Refleks
Thérapie	Terapia
Traitement	Trajtimi
Virus	Virusi

Santé et Bien-Être #2
Shëndeti dhe Mirëqenia #2

Allergie	Alergjia
Anatomie	Anatomia
Appétit	Oreksi
Calorie	Kalori
Corps	Trupi
Déshydratation	Dehidratim
Énergie	Energji
Génétique	Gjenetika
Hôpital	Spital
Hygiène	Higjiena
Infection	Infeksioni
Maladie	Sëmundje
Massage	Masazh
Nutrition	Të Ushqyerit
Poids	Pesha
Récupération	Shërim
Sain	I Shëndetshëm
Sang	Gjak
Stress	Stresi
Vitamine	Vitamina

Science
Shkenca

Atome	Atom
Chimique	Kimike
Climat	Klima
Données	Të Dhëna
Expérience	Eksperiment
Évolution	Evolucioni
Fait	Fakt
Fossile	Fosile
Gravité	Graviteti
Hypothèse	Hipoteza
Laboratoire	Laborator
Méthode	Metoda
Minéraux	Mineralet
Molécules	Molekulat
Nature	Natyra
Observation	Vrojtim
Organisme	Organizëm
Particules	Grimcat
Physique	Fizika
Scientifique	Shkencëtar

Science-Fiction
Fiction Shkencor

Atomique	Atomike
Cinéma	Kinema
Explosion	Shpërthim
Extrême	Ekstrem
Fantastique	Fantastik
Feu	Zjarr
Futuriste	Futurist
Galaxie	Galaktikë
Illusion	Iluzion
Imaginaire	Imagjinare
Livres	Libra
Monde	Botë
Mystérieux	Misterioze
Oracle	Orakulli
Planète	Planet
Réaliste	Realiste
Robots	Robotët
Scénario	Skenari
Technologie	Teknologji
Utopie	Utopi

Sport
Sport

Athlète	Atlet
Capacité	Aftësi
Corps	Trupi
Cyclisme	Çiklizëm
Danse	Vallëzimi
Diète	Dietë
Endurance	Qëndrueshmëri
Entraîneur	Trajner
Étirement	Shtrihen
Force	Forcë
Jogging	Vrapim
Maximiser	Maximizo
Métabolique	Metabolike
Muscles	Muskujt
Nutrition	Të Ushqyerit
Objectif	Qëllimi
Os	Kockat
Programme	Programi
Santé	Shëndeti
Sports	Sportet

Technologie
Teknologjia

Affichage	Shfaq
Blog	Blog
Caméra	Kamera
Curseur	Kursor
Données	Të Dhëna
Écran	Ekran
Fichier	Dosje
Internet	Interneti
Logiciel	Softuer
Message	Mesazh
Navigateur	Shfletuesi
Numérique	Dixhital
Octets	Bytes
Ordinateur	Kompjuter
Police	Font
Recherche	Kërkime
Sécurité	Siguria
Statistiques	Statistika
Virtuel	Virtual
Virus	Virusi

Temps
Koha

Année	Viti
Annuel	Vjetor
Après	Pas
Aujourd'Hui	Sot
Avant	Para
Bientôt	Së Shpejti
Calendrier	Kalendar
Décennie	Dekade
Futur	E Ardhmja
Heure	Orë
Hier	Dje
Jour	Dita
Maintenant	Tani
Matin	Mëngjes
Midi	Mesditë
Minute	Minutë
Mois	Muaj
Nuit	Natë
Semaine	Java
Siècle	Shekulli

Types de Cheveux
Llojet e Flokeve

Argent	Argjendi
Blanc	E Bardhë
Blond	Bjond
Boucles	Curls
Brillant	Shkëlqim
Chauve	Tullac
Coloré	Me Ngjyrë
Court	I Shkurtër
Doux	Butë
Épais	E Trashë
Frisé	Kaçurrel
Gris	Gry
Long	Gjatë
Marron	Kafe
Mince	I Hollë
Noir	E Zezë
Ondulé	Me Onde
Sain	I Shëndetshëm
Sec	Thatë
Tressé	Endur

Univers
Gjithësi

Astéroïde	Asteroidi
Astronome	Astronom
Astronomie	Astronomi
Atmosphère	Atmosferë
Ciel	Qiell
Cosmique	Kozmike
Équateur	Ekuator
Galaxie	Galaktikë
Hémisphère	Hemisfera
Horizon	Horizont
Latitude	Gjerësi
Longitude	Gjatësia
Lune	Hëna
Obscurité	Errësirë
Orbite	Orbita
Solaire	Diellore
Solstice	Solstic
Télescope	Teleskop
Visible	E Dukshme
Zodiaque	Zodiakut

Vacances #2
Pushimet Numër 2

Aéroport	Aeroport
Camping	Kamping
Carte	Hartë
Destination	Destinacioni
Étranger	I Huaj
Hôtel	Hotel
Île	Ishull
Loisir	Koha e Lirë
Mer	Det
Passeport	Pasaportë
Photos	Fotografitë
Plage	Plazh
Restaurant	Restorant
Réservations	Rezervimet
Taxi	Taksi
Tente	Çadër
Train	Tren
Transport	Transporti
Visa	Viza
Voyage	Udhëtim

Véhicules
Automjetet

Ambulance	Ambulanca
Avion	Aeroplan
Bateau	Varkë
Bus	Autobus
Camion	Kamion
Caravane	Karvan
Ferry	Traget
Fusée	Raketë
Hélicoptère	Helikopter
Métro	Metro
Moteur	Motor
Navette	Anije
Pneus	Goma
Radeau	Raft
Scooter	Skuter
Sous-Marin	Nëndetëse
Taxi	Taksi
Tracteur	Traktor
Vélo	Biçikletë
Voiture	Makina

Vêtements
Rrobat

Bracelet	Byzylyk
Ceinture	Rrip
Chapeau	Kapelë
Chaussure	Mbath
Chemise	Këmishë
Chemisier	Bluzë
Collier	Gjerdan
Foulard	Shall
Gants	Doreza
Jeans	Xhins
Jupe	Skaj
Manteau	Pallto
Mode	Moda
Pantalon	Pantallona
Pull	Triko
Pyjama	Pizhama
Robe	Veshje
Sandales	Sandale
Tablier	Platformë
Veste	Xhaketë

Ville
Qyteti

Aéroport	Aeroport
Banque	Bankë
Boulangerie	Furke
Café	Kafe
Cinéma	Kinema
Clinique	Klinika
École	Shkolla
Fleuriste	Luleshitës
Galerie	Galeri
Hôtel	Hotel
Librairie	Librari
Marché	Tregu
Musée	Muze
Pharmacie	Farmaci
Restaurant	Restorant
Salon	Sallon
Stade	Stadiumi
Supermarché	Supermarket
Théâtre	Teatri
Université	Universiteti

Félicitations

Vous avez réussi !

Nous espérons que vous avez apprécié ce livre autant que nous avons pris plaisir à le concevoir. Nous faisons de notre mieux pour créer des livres de la meilleure qualité possible.
Cette édition est conçue pour permettre un apprentissage intelligent et de qualité en se divertissant !

Vous avez aimé ce livre ?

Une Simple Demande

Nos livres existent grâce aux avis que vous publiez. Pourriez-vous nous aider en laissant un avis maintenant ?

Voici un lien rapide qui vous mènera à votre
page d'évaluation de vos commandes :

BestBooksActivity.com/Avis50

CHALLENGE FINAL !

Défi n°1

Êtes-vous prêt pour votre jeu bonus ? Nous les utilisons tout le temps mais ils ne sont pas si faciles à trouver. Voici les **Synonymes** !

Notez 5 mots que vous avez trouvés dans les puzzles notés ci-dessous (n°21, n°36, n°76) et essayez de trouver 2 synonymes pour chaque mot.

Notez 5 Mots du *Puzzle 21*

Mots	Synonyme 1	Synonyme 2

Notez 5 Mots du *Puzzle 36*

Mots	Synonyme 1	Synonyme 2

Notez 5 Mots du *Puzzle 76*

Mots	Synonyme 1	Synonyme 2

Défi n°2

Maintenant que vous vous êtes échauffé, notez 5 mots que vous avez découverts dans les Puzzles n° 9, n° 17, n° 25 et essayez de trouver 2 antonymes pour chaque mot. Combien pouvez-vous en trouver en 20 minutes ?

Notez 5 Mots du **Puzzle 9**

Mots	Antonyme 1	Antonyme 2

Notez 5 Mots du **Puzzle 17**

Mots	Antonyme 1	Antonyme 2

Notez 5 Mots du **Puzzle 25**

Mots	Antonyme 1	Antonyme 2

Défi n°3

Formidable ! Ce défi final  n'est rien pour vous.

Prêt pour le dernier défi ? Choisissez 10 mots que vous avez découverts parmi les différents puzzles et notez-les ci-dessous.

1.	6.
2.	7.
3.	8.
4.	9.
5.	10.

Maintenant, composez un texte en pensant à une personne, un animal ou un lieu que vous aimez !

Astuce: Vous pouvez utiliser la dernière page de ce livre comme brouillon !

Votre Composition :

CARNET DE NOTES :

À TRÈS BIENTÔT !

Toute l'équipe

DECOUVREZ DES JEUX GRATUITS

GO

↓

BESTACTIVITYBOOKS.COM/FREEGAMES

www.ingramcontent.com/pod-product-compliance
Lightning Source LLC
Chambersburg PA
CBHW082158120626
46553CB00010B/2932